D1663203

Andreas Dörpinghaus
Ina Katharina Uphoff

Die Abschaffung der Zeit

Andreas Dörpinghaus
Ina Katharina Uphoff

Die Abschaffung der Zeit

Wie man Bildung erfolgreich verhindert

Für Lia

Die Herausgabe des Werkes wurde durch die Vereinsmitglieder der WBG ermöglicht.
Redaktion: Tina Koch, Mannheim
Satz: SatzWeise, Föhren
Umschlaggestaltung: Neil McBeath, Stuttgart
Umschlagabbildung: »Zeitentaumel« (Acryl auf Leinwand) © Ina Katharina Uphoff

Gedruckt auf säurefreiem und alterungsbeständigem Papier
Printed in Germany

Besuchen Sie uns im Internet: www.wbg-wissenverbindet.de

ISBN 978-3-534-23507-0

Elektronisch sind folgende Ausgaben erhältlich:
eBook (PDF): 978-3-534-72817-6
eBook (epub): 978-3-534-72818-3

Inhalt

Kapitel 1

Vom Nutzen und Nachteil der Zeit für das Leben

Die Abschaffung der Zeit ist die Abschaffung des Allzumenschlichen, es ist die Abschaffung der Schwäche und der Leidenschaft, die der Mensch hat, eine Schwäche und Leidenschaft zum Leben und zur Welt, die wir seit jeher *Bildung* nennen. Hans Blumenberg hat trefflich das Problem der Zeit benannt. Sie ist das am meisten Unsrige und das am wenigsten Verfügbare.[1] Wie kommt der Mensch darauf, nach der Zeit zu fragen? *Ist* sie überhaupt, also hat sie ein Sein, so wie anderes in der Welt, oder ist sie eine Fiktion, eine Illusion, ohne die wir nicht leben können? – Unser Leben ist, ob wir wollen oder nicht, auf verwickelte Weise mit der Frage nach der Zeit verwoben. Sie ist das Reflexionsfeld, in dem wir unser Leben betrachten, hat Weltdeutungs- und Selbstdeutungscharakter. Zeit ist der Spiegel, in dem sich das Sein versinnbildlicht. In ihrem Verständnis zeigt sich das, was uns – aus welchen Gründen auch immer – wichtig erscheint.

Der Begriff der Zeit ist entstanden, weil es im Leben der Menschen Rätselhaftes gibt, einen ständigen Übergang, ein Werden und Vergehen, eine Dauer ohne Bestand, einen Augenblick, der nichts Haltbares hat, einen Anfang und ein Ende, die unverfügbar sind, eine Einsicht, die zu spät, einen Schlusspunkt, der zu früh kommt, Erinnerungen, die sich unwillentlich einschreiben, ein Vergessen, das sich entwindet, das Zukünftige, das hoffen und fürchten lässt, die Macht der Stille, in der die Zeit Räume greift. Wir verstehen uns nicht, wenn wir nicht wissen, was Zeit meint und was sie für uns bedeutet. Wir müssen uns nun einmal zur Zeit verhalten, und zwar ohne ihrer je wirklich habhaft zu werden. Aber was ist die Zeit überhaupt? – Diese Frage lebt von der gescheiterten Antwort auf sie, von ihrem Entzug und *zugleich* der Evidenz ihrer Spuren, die sie hinterlässt. Sie betrifft den Menschen zutiefst, denn der Mensch kann ohne die Zeit nicht sein. Die Frage nach der Zeit ist letztlich eine, die uns auffordert zu klären, woran wir sind, was wir im Leben zu suchen haben.

Seit der Antike steht der *Sinn* der menschlich endlichen Lebenszeit auf dem Spiel. Es ist die Endlichkeit des Menschen, ohne Widerruf und Ausweg, Gerichtetheit ohne Richtung, die von uns Antworten einfordert, weil das *endliche* Leben selbst die rätselhafte Frage nach der Zeit umgreift. Die Endlichkeit wird das *Maß* der Erwiderung auf das Phänomen Zeit. Der Mensch muss sich zu den Zeichen der Zeit verhalten. Somit sind die menschlichen Bewegungen, Tätigkeiten und Erfahrungen immer schon Ausdruck eines Verhältnisses zur endlichen Zeit. Mit anderen Worten: Der menschliche Reflex auf die Tatsache der Endlichkeit wird zum Konstitutiv seiner Zeitpraktiken und seiner Vorstellungen von Zeit. Die Zeit ist eine Sinnordnung, in die das eigene Leben eingebettet ist und die angesichts der Lebensfrist Sinn stiftet. Wenn wir uns also der Zeit zuwenden, tun wir dies bereits bewusst oder unbewusst als Wesen, die beizeiten nicht mehr sind.

In der Regel bestimmt die Zeit unbemerkt das Leben, den Rhythmus unseres Seins. Zeitvorstellungen werden stillschweigend und als naturgegeben unterstellt, sie sind immer schon vorausgesetzt, wenn wir anfangen, über Zeit nachzudenken. Sobald wir dies tun, ist sie vor allem eines für uns: bereits gelebt und abgelaufen. Zeitmangel, Zeitnot oder die Formulierung »keine Zeit zu haben« verweisen auf verlorene Besitzverhältnisse – auf ein Weniger und Mehr –, für die es keine Eigentumsrechte gibt. Zeit ist Werden und in der Reflexion immer schon vergangen. Zwischen Vergangenheit und Zukunft schiebt sich der flüchtige Spalt der Gegenwart. Sie fällt uns in der Regel erst auf, wenn sie schlichtweg fehlt, wenn wir uns mehr von ihr wünschen, wenn es eilt, man über Versäumtes nachdenkt, mit sich und der Zeit hadert. Sobald wir überlegen, wie wir sie gelingend gestalten können, macht sie sich rar, entzieht sich unserer Verfügung, den schönen Plänen, die wir entwerfen. Die Zeit fordert uns stets aufs Neue. Verfügbar scheint sie uns dagegen allein in ihrer *formalen Bereitstellung* zu sein – z. B. als Schulzeit, Ausbildungs- und Arbeitszeit. Doch genau dieser Schein trügt.

Quantitativ betrachtet ist die Lebenszeit so einfach wie überschaubar: Im Durchschnitt leben wir ca. 77 Jahre, davon schlafen wir etwa 25 Jahre, 6 Jahre schauen wir fern, 5 Jahre essen wir, 2–3 Jahre unterhalten wir uns, 2,5 Jahre fahren wir mit dem Auto, 1,5 Jahre lang wird geputzt, 6 Monate verbringen wir auf der Toilette und 3 Monate in Kneipen.[2] Zeitverwendungsstudien belegen, dass etwa 12 % der Menschen unter erhöhtem Zeitstress leiden, pro Tag finden im Durchschnitt 27 Tätigkeitswechsel statt. Summiert verbringen wir 100 % unserer Zeit mit dem Leben – das ist die Anziehungskraft jeder Statistik: ihre Objektivität und Trivialität.

Ursprünglich ist die Zeit ein Verhältnis zur Natur, in das sich der Mensch, aufgehoben im ewigen Kreislauf, eingebunden sieht. Mit der Moderne der ausgehenden Renaissance spaltet der Mensch die Natur zunehmend von sich ab. Er will sich loslösen vom Gleichklang einer natürlichen Schwingung und als selbsterwählter Souverän eigene Wege beschreiten. Das Natürliche wird fortan in eine »ordentliche« Struktur gebracht. Zeit muss genau erfasst werden. Der Mensch will die Zeit beherrschen und vermisst die Welt, vergisst aber, dass das Gemessene erst durch das Messen hergestellt wird. Die Uhren-Zeit macht die Zeit schließlich zu der *einen* Zeit – der Zeit, vor der sich der Herrscher selbst verneigt. Ihre Domestizierung durch das Messen geht mit der freiwilligen Unterwerfung unter das Diktat der mit ihr verbundenen Frage nach Nützlichkeit Hand in Hand. So gräbt sich die gemessene Zeit – naturwissenschaftlich getauft und technologisch gesegnet – über Jahrhunderte hinweg in das menschliche Leben ein und schlägt dort tiefe Wurzeln.

Zeit, was immer sie sein mag, ist als statistische und messbare Größe nicht sinnvoll zu fassen. Wenn überhaupt ist sie nur historisch-kontingent verstehbar, nämlich unter der Form ihres Ausdrucks in Zeiten, in *symbolischen* Gestaltungen und Deutungsmustern, in Praktiken, Ritualen, Handlungen sowie in Technologien, Lebensführungen und Formen des Zusammenlebens. Statt der einen Zeit gibt es also, als Entschädigung für das Menschsein, *Zeiten,* die sich belagern und umgarnen. Zeiten sind unsere Verhältnisse zu einer uns unverfügbaren Zeit der gelebten Endlichkeit. Die Zeit selbst zeigt sich dabei nicht als solche, sondern fordert auf je eigene Weise ihr unverlierbares

Recht. Daher ist sie der Ort, an dem sich unser Sein in der Reflexion bricht, ein Selbstbezug, der sich stets entzieht – wesenlos und allmächtig – wie es in Thomas Manns *Zauberberg* heißt.

Als physikalische Zeit ist sie Geschwindigkeit in Bezug auf die Bewegung im Raum; als »unsere« ist sie gelebte, erlittene, erfüllte Lebenszeit. Wir haben Zeiten, Formen der Dauer und des Wandels, des Kontinuierlichen und Diskontinuierlichen, des Vorgriffs und Rückgriffs, Zeiten, die an Dingen haften, an Tätigkeiten und Bewegungen. Es sind Erfahrungen in der Zeit, die sich uns einschreiben und die wir leben.

Jede unserer Handlungen hat ihre Zeitformen und jeder Lebenszyklus seine Gestaltung. Wir warten auf jemanden, planen unsere Woche, verabreden uns, unterhalten uns mit Freunden, betrachten das Meer, lauschen den Vögeln, gehen in ein Museum, flanieren, besuchen ein Konzert, lesen, beten, arbeiten, langweilen uns, vertreiben die Zeit. Kluge Handlungen wollen überlegt sein, brauchen ihre spezifische Zeit. Es verändert die Zeit, ob wir sie alleine oder mit anderen Menschen verbringen, ob wir diese Menschen mögen oder nicht. Eine Zeit in Schmerz oder Sehnsucht lässt sie uns wie eine »Ewigkeit« vorkommen. Das Warten auf den geliebten Menschen ist ein anderes Warten als das in einem Wartezimmer. Nur die Zeit heilt alle Wunden, wir sehnen uns nach ihr, sie berührt uns, ob als vergangene, gegenwärtige oder zukünftige. Der Horizont von Vergangenheit und Zukunft ist ein schmaler Korridor, in dem Vergänglichkeit, Älterwerden und Sterblichkeit hausen. Die Bedeutung von Zeit im Alter wandelt sich. Die Zeit vergeht schneller, zu schnell. Dagegen kennt die Weisheit im Alter den Druck des Zukünftigen nicht. Kinder dagegen leben noch im Jetzt und Gleich, kennen zyklische Zeitbewegungen, die an das Tun gebunden bleiben.

Wir haben ein Gespür für die Zeit, ihren Rhythmus, ihre Melodie und ihren Klang. Auch den rechten Augenblick vermögen wir gelegentlich auszumachen, und wenn nur in der Einsicht, ihn verpasst zu haben. Als leibliche Wesen sind wir der Welt zugewandt, also *zur Welt* und *in der Zeit*, wir erfahren sie im tiefsten Grunde. Durch die Verwobenheit mit dem, was wir Natur nennen, sind wir Teil einer natürlichen Bewegung. Wir offenbaren uns als ursprünglich biologischer Rhythmus. Die Zeit des Organismus ist wirksam und zeugt von der Regelmäßigkeit des Daseins, vom Herzschlag bis zur Zellteilung; Blutbild, Körpertemperatur und Schmerzempfinden unterliegen periodischen Schwankungen im Tageslauf.[3] Die körpereigenen Zyklen sind natürliche Zeiteinheiten, die ein gesundes Maß vorgeben.

Doch wir haben unser Leben einem anderen Zeitmaß verschrieben, verspielen die harmonische Ausgeglichenheit. Wir sind der *Taktung* erlegen, linear gleichförmigen Zeitabschnitten, die keine Verzögerungen erlauben. Der Takt ist Gewalt. Er zwingt, macht krank, raubt Zeit. Die einander fremden Prozesse der Lebensrhythmik und der Zeit-Taktung sind letztlich nicht zu synchronisieren. Rhythmen lassen sich nicht beschleunigen, ohne dass sie verändert und deformiert werden. Sie sind komplexe *nicht lineare* zeitliche Bewegungen, die das Leben *von innen* ordnen. Diese Eigenzeiten und Reifungsprozesse verlieren ihr Recht. Die natürlichen, biografischen, kulturabhängigen und sozialen Lebensrhythmen haben sich über Jahrhunderte den gesellschaftlich gewünschten Taktungen und Machtstrategien angepasst.

Mit der Taktung des Lebens ist eine Führungs- und Regierungspraktik verbunden, die in der umfassenden Kontrolle der Zeit kulminiert. Die Gestaltung von Zeit und die Frage nach dem rechten Verhältnis zu ihr leiten über zum Nachdenken über Machtbeziehungen und Freiheitsformen. Wenn also in diesem Buch von der *Abschaffung der Zeit* die Rede ist, dann davon, dass und inwieweit Menschen über die Zeit *regiert* werden. Gemeint ist eine *Selbstführung* über die Lebenszeit, die sich weniger als äußere Form der Machtausübung denn als innere darstellt. Zeitpraktiken, die die Zeit nicht mehr an Erfahrungen, Bewegungen etc., sondern an Rationalitätsformen binden und gleichzeitig ihre Verfügbarkeit selbst zum Gegenstand haben, schreiben sich dem Leib ein und werden zu einem neuen

Typus der Zeit-Regierung im Sinne einer »gouvernementalité« (Foucault). Im Glauben, dass wir tun und lassen können, was wir wollen, tun wir genau das, was wir tun und lassen sollen. Die Zeitregierung schränkt die Möglichkeiten des Denkens und Handelns immer schon durch eine Selbstunterwerfung im Gewande der Freiheit ein. So gesehen ist die Abschaffung der Zeit ein soziales und alles andere als ein zeitphysikalisches Problem; sie ist ein Ausdruck von Macht.

Es gibt merkwürdigerweise viele Gründe für die intendierte Abschaffung der Zeit, sodass sie mitunter subtile Signaturen trägt, die in diesem Buch eine Rolle spielen werden. Ihr gemeinsames Kennzeichen liegt darin, Wege zu finden, die Zeit als temporale Freiheitsnische, die unser Denken und Handeln verzögert und ihm Spielräume verschafft, zu verhindern oder zu lenken. Seit Augustinus wird die Zeit in ihrer leiblichen Verbundenheit verachtet und als *malum temporale* gedeutet, klösterlich in der Tradition der Benediktinerregel wird sie derart verplant, dass sie kondensiert – sie ist ohnehin nur in der Verfügung Gottes. Um effektive Ordnungen zu gewährleisten, wird ihre Messung immer wichtiger; eine Abschaffung der vielen Zeiten durch Quantifizierung und Dogmatisierung. In ihrer säkular neuzeitlichen Hinwendung zur Zukunft ist die Zeit nunmehr ein Durchgangsstadium hin zu verheißungsvoll besseren Tagen. Mit der Ausrichtung auf den Fortschritt in der industriellen Rationalisierung demontiert sie Geschichte und Herkunft, ihre Abschaffung zielt auf die Enthistorisierung. Das, was heute gilt, ist morgen per se überholt und ohnehin nicht verpflichtend.

Besonders sinnfällig wird in diesem Zusammenhang das Faktum der *Beschleunigung*. Seit dem 18. Jahrhundert schaffen Zukunftsorientierung und Fortschrittsgläubigkeit den Nährboden für Regierungspraktiken, die auf eine zeitliche Forcierung setzen. In die Lebenswelt brechen diese Beschleunigungen sehr unterschiedlich ein, als Zeitdruck, als Suggestion unendlicher Möglichkeiten, als Verlust des Abschieds, als Nichtfertigwerden und Orientierungslosigkeit, mithin als Wahrnehmungsverkümmerung. Die Zeit verliert sich schließlich in der kontrollierten Selbstentzifferung des Menschen nach Maßgabe seiner Lebenseffizienzzeit, die eines nicht ist: lebenseffizient. Gegenüber der Macht der Beschleunigung verblasst der Wunsch nach Langsamkeit. Wir finden in dieser Zeit-Ordnung keinen Ort, werden neurotisch, krank, verhaltensauffällig – letzte Zeichen der Gesundheit und unseres Gespürs für Zeit. Die *Kontrollgesellschaft*, in der wir gegenwärtig leben, wird die Vollenderin der Abschaffung der Zeit. So beginnen wir dieses Buch mit dem Ende.

Sonnenuhr

Kapitel 2

Der Herr der Zeiten.
Von unbewegten und bewegten Bewegern

Das Problem der Zeit ist eines, das den Menschen unentwegt beschäftigt und in die »dunkelsten Abgründe«[4] führt. Die Zeit ist ein ausgesprochen schwieriger Begriff, der auf eine sehr komplexe Vorstellung unseres Selbstverständnisses abzielt. Ihm sich anzunähern ist alles andere als einfach. Wagen wir es dennoch. Unser Weg ist zunächst nicht unbedingt konventionell. Wir suchen einen ersten Zugang zu dem, was wir Zeit nennen, indem wir nach dem *Anfang* der Zeit fragen. Das ist deswegen lohnenswert, weil der Anfang und seine Verfügbarkeit mit der Beherrschung der Zeit verbunden sind. Anfang zu sein, fällt mit der Vorstellung zusammen, Herr der Zeiten zu sein.

Die Geschichte vom Anfang gehört zu den großen Erzählungen der Menschheit. Der Anfang der Zeit bezieht sich auf etwas, was vordem nicht war und mitunter ohne ihn nicht wäre. Er hat also durchaus Schöpfungsqualitäten, unterliegt selbst nicht der Zeit, ist unbewegt, bewegt anderes. Setzt sich der Mensch als Anfang, macht er sich als »souveränes Subjekt« zum *unbewegten Beweger außerhalb der Zeit*. Wer sich als Anfang sehen will, will der Bestimmer sein. Da der Mensch aber *in der Zeit* existiert, bleibt die Herrschaft über die Zeit allein einem Gott vorbehalten. Gottes Rolle, auch wenn die Anerkennung schwer fällt, kommt dem Menschen nicht zu.

Der Begriff des Anfangs ist zunächst auf das griechische *arché* bezogen, das Anfang, Ursprung und auch Herrschaft meint. Platon sucht die *arché* im *Timaios* in der Vorstellung eines Baumeisters des Kosmos *(demiurgós)*, als eines *architectus*, der mit Blick auf das Ewige der Ideen[5] eine Weltseele schafft, die wiederum den Grund der Welt bildet und die Materie ordnet. Die *arché* ist der Ursprung, der alles daraus Entstehende bestimmt. Zentral ist, dass Platon den Anfang der Welt als eine Schöpfung versteht, die zugleich der Beginn der Zeit ist. Die Zeit wird als ein *Abbild* der Ewigkeit gedacht.

»So entstand denn die Zeit zugleich mit dem Weltall, auf daß beide, zugleich erschaffen, auch zugleich wieder aufgelöst würden, wenn es jemals zu einer Auflösung derselben kommen sollte: das Urbild für sie aber war die eigentliche Ewigkeit: diesem sollte das Weltall so ähnlich wie nur möglich werden; denn dem Urbild kommt ein schlechthin ewiges Sein zu, das Abbild aber ist der Art, daß es die ganze endlose Zeit hindurch geworden, seiend und sein werdend ist. Solche Absicht und Erwägung Gottes lag der Entstehung der Zeit zugrunde: auf daß die Zeit entstünde, wurden Sonne, Mond und die fünf Sterne geschaffen, welche den Namen der Wandelsterne tragen, zur Unterscheidung und Bewahrung der Zeitmaße. Und nachdem Gott ihre Körper einen nach dem anderen geformt hatte, setzte er sie, sieben an der Zahl, in die sieben Sphären, in denen der Umschwung des Anderen verlief, den Mond in die der Erde nächste, die Sonne in die zweite oberhalb der Erde, den Morgenstern und dem Merkur geheiligten und nach ihm benannten in diejenigen Sphären, die in gleicher Schnelligkeit mit der Sonne umlaufen, aber eine ihr entgegengesetzte Richtung verfolgen.«[6]

Für Aristoteles, den Schüler Platons, ist die Zeit das zählbare Maß der Bewegung in Bezug auf das Früher oder Später.[7] Insbesondere dem Jetzt kommt eine zentrale Bedeutung zu, denn es trennt und eint Vergangenes und Kommendes. Die Zeit hat für ihn weder Anfang noch Ende. Orientierung bietet die Bewegung im Raum, die übertragen auf die Zeit ein kontinuierliches Fließen denkbar macht. Ohne die räumliche Veränderung von Körpern, vor allem der Himmelskörper, ist die Zeit nicht zu denken. Die Kreisbewegung der Himmelskörper ist Ausdruck der ewigen Bewegung, sie ist in ihrer Vollkommenheit quasi die erste Bewegung. Fixsterne sind für Aristoteles Zeichen, dass sich ihr Kreisen auf den Umlaufbahnen an der Ewigkeit orientieren muss. Doch wodurch werden die Himmelskörper bewegt? Es braucht eine Ursache, wie alles Seiende einer bedarf. Diese wird von Aristoteles als Verursachung durch das Streben nach einem Ziel oder Zweck gedacht, als *causa finalis*. Das ist zu erklären:

Die aristotelische Konzeption verweist – anders als die platonische – darauf, dass Bewegung und Zeit ewig sind, also nicht geworden. Es gibt keinen Anfang der Zeit. »Unmöglich aber kann die Bewegung entstehen oder vergehen; denn sie war immer. Ebenso wenig die Zeit; denn das Früher oder Später ist selbst nicht möglich, wenn es keine Zeit gibt. Die Bewegung ist also ebenso stetig wie die Zeit, da diese entweder dasselbe ist wie die Bewegung oder eine Affektion derselben.«[8]

Mit Aristoteles werden die Bedeutungen von Anfang, Ursprung und Ursache zu zentralen *termini technici* philosophischen Denkens. *Arché* wird, anders als ein zeitlicher Beginn im Sinne von *initium*, primär als *Prinzip* begriffen, als logische Denknotwendigkeit. Merkmal eines solchen Prinzips ist für Aristoteles, dass es ein Erstes ist. In diesem Zusammenhang greift er auf die bekannte Metapher des »unbewegten Bewegers« zurück. Aristoteles fragt also nach der Ursache *(causa)* der Bewegung und fasst den Anfang des Seienden angesichts der Ewigkeit als *principium* auf. Fest steht für ihn, dass jede Bewegung eine Ursache haben muss. Wenn jedoch jede Wirkung auf eine Ursache zurückgeht, die wiederum auf eine andere ursächliche Wirkung verweist und selbst wieder Wirkung einer Ursache ist, dann wäre ein Rückschreiten ins Unendliche, ein *regressus ad infinitum*, unvermeidbar, gäbe es nicht eine *erste* Ursache. Eine solche *prima causa* ist für Aristoteles der unbewegte Beweger *(proton kinoun akineton)*. Dieser bewegt, ohne bewegt zu werden, und zwar, so sein Bild, als *causa finalis*, wie ein Geliebtes bewegt, zu dem wir uns hingezogen fühlen. Aristoteles kennt noch die »Anziehung« einer (göttlichen) Vollkommenheit. Der Anfang der Welt ist durch einen unbewegten Beweger gemacht. Er ist reine Vernunfttätigkeit, Herr der Zeit, und als »Bestimmer« und erste Substanz zugleich Formursache *(causa formalis)* des Seienden.

Im *christlichen Denken* wird der Ursprung – in Gott personifiziert – sowohl als Prinzip als auch als zeitlicher Anfang vorgestellt. Als das schlechthin Unbedingte stiftet Gott die Ordnung des Seins. Er ist Anfang der Welt und der Zeit. Der christlich-jüdische Gott gestaltet und schöpft demnach aus dem Nichts *(creatio ex nihilo)*. Gott hat nichts zur Hand gehabt, um daraus Himmel und Erde entstehen zu lassen. Zusammen mit der Welt wird die Zeit erschaffen. Der Schöpfungsakt vollzieht sich durch das Wort Gottes. Er ist einerseits zeitlich das Erste, Anfang aller Dinge, und zugleich deren Ursache. Als das Unbedingte bedingt er das Sein.

Eine Versöhnung des christlich-jüdischen Denkens mit seinen heidnischen Wurzeln leistet Thomas von Aquin. In *De veritate* unterscheidet er einen schaffenden Intellekt *(intellectus practicus)* von einem erkennenden Intellekt *(intellectus speculativus)*. Mit explizitem Rückgriff auf Aristoteles greift Thomas von Aquin die Metapher des unbewegten Bewegers auf und versteht die Schöpfung im Verhältnis zum Schöpfer als ein Verhältnis von Ursache und Wirkung. Gott ist in dieser Anbindung als *prima causa* Schöpfer, er ist als *intellectus practicus* ursächlich und maßgebend für das Seiende. Der Mensch als Erkennender dagegen wird von den Schöpfungsdingen bewegt. Er *antwortet* auf die Schöpfung. Diese Antwort hat ihr Maß in einem Bezug auf die Dinge, die als von Gott geschaffen gedacht werden.

Mit Thomas von Aquin wird für den Menschen ein Intellekt angenommen, der durchaus die Wahrheit in den Dingen der Welt vernehmen kann. Seine Konzeption bleibt aber eingebunden in einen metaphysischen Schöpfungszusammenhang, der keinen Zweifel daran lässt, dass der Mensch nur erkennt, weil Gott als *architectus* ihn in dieser Weise geschaffen hat. Gott ist das Maß der Dinge, ihre unbewegte, geliebte Formursache. Damit wird der Stellenwert Gottes deutlich, er ist als unbewegter Beweger absoluter Anfang von Zeit und Welt. Nur er allein ist Herr der Zeit. Glaubt stattdessen der Mensch Herr der Zeit zu sein, verkennt er schlichtweg sein leiblich-endliches Menschsein. Ihm kommen die Ewigkeit und das Unwandelbare nicht zu, weil er weder Anfang noch Ende, Alpha noch Omega ist.

Lassen wir die Frage nach der Bedeutung des Anfangs der Zeit durch die Bewegungs-Metapher eine Weile ruhen. Sie wird später wieder aufgegriffen, wenn es um moderne Vorstellungen von Zeit geht. Nähern wir uns vielmehr der Frage nach dem Wesen und dem Sein von Zeit, um dann besser zu verstehen, welche Wendung die Moderne dem Gedanken vom Unbewegten und Bewegten sowie dem des Seins von Zeit gibt. Hier ist es vor allem Augustinus, der im 11. Buch seiner *Confessiones* versucht zu erläutern, was die Zeit eigentlich ist. Er steht mit seiner Erörterung bereits in einer langen Tradition der Reflexion auf die Zeit, von ihm aber stammt eine der berühmtesten Antworten. Zunächst benennt Augustinus die Schwierigkeit der vor ihm liegenden Aufgabe: »Wenn wir über Zeit sprechen, wissen wir, was das ist; wir wissen es auch, wenn ein anderer darüber zu uns spricht. Was also ist die Zeit? Wenn niemand mich danach fragt, weiß ich es; wenn ich es jemandem auf seine Frage hin erklären will, weiß ich es nicht.«[9]

Augustinus zweifelt nicht daran, dass es die Zeit gibt, dass sie ein Sein hat. Die Herrschaft über die Zeit obliegt Gott, auch das ist für ihn fraglos. Während allein Gott Anfang und Ende der Zeit überblickt, sind dem Menschen Anfang und Ende, wie seine Lebenszeit, unverfügbar. Wir kommen gewissermaßen zu spät und gehen zu früh. Angesichts der Ewigkeit Gottes ist der Mensch in seiner Zeitlichkeit defizitär; menschliches Leben ist leiblich vergänglich, dem steten Werden und Vergehen ausgesetzt. Aus menschlicher Sicht ist der Kontrast von göttlicher Ewigkeit *(aeternitas)* und Zeit *(tempus)* unüberbrückbar. Die Antworten des Menschen auf die Frage nach der Zeit haben daher seit jeher den Stachel der Unverhältnismäßigkeit von Ewigkeit und menschlicher Endlichkeit. Ewigkeit ist für Augustinus die Abwesenheit von Anfang und Ende, sie ist Unveränderlichkeit in der *Vollkommenheit* und das Maß zur Beurteilung dessen, was Zeit ist.

»Du [Gott] gehst nicht in der Zeit voraus [...]. Durch die Erhabenheit deiner immer gegenwärtigen Ewigkeit gehst du allem Vergangenen voraus und überschreitest du alles Zukünftige, eben weil es zukünftig ist, denn sobald es gekommen ist, wird es vergangen sein, *du aber bist immer derselbe, und deine Jahre nehmen nicht ab* (Psalm 101, 23). Deine Jahre gehen nicht und kommen nicht, während unsere Jahre gehen und kommen [...]. Bei dir verdrängen nicht die kommenden Jahre die gehenden, denn sie vergehen nicht. Unsere Jahre hingegen werden erst alle sein, wenn sie alle vergangen sind. Deine Jahre sind wie ein Tag. Und dein Tag ist […] das Heute, weil dein Heute nicht dem Morgen weicht und nicht dem Gestern folgt. Dein Heute ist die Ewigkeit. […] Alle Zeiten hast du gemacht. Vor allen Zeiten bist du […].«[10]

In der radikalen Differenz zur Ewigkeit symbolisiert die Zeit demnach menschliche Vergänglichkeit. Darauf aufbauend entwickelt Augustinus sein Zeitverständnis, das die Frage beantwortet, wie die Zeit, genauer ihr Sein für den Menschen gedacht werden kann. Es geht um das Problem von Gegenwärtigkeit und Dauer. In welcher Weise können die Zeiten – Vergangenes, das Jetzt und das Zukünftige – überhaupt für den Menschen Gegenwärtigkeit haben? Immerhin hat Vergangenes kein Sein, weil es schon vergangen ist, Zukünftiges entbehrt des Seins, weil es noch nicht ist, und Gegenwärtiges schließlich ist als ein Jetztpunkt bereits mehr Nichtmehrsein als auszumachendes Sein mit Dauer.

Die Lösung: Nur als eine Art Ausdehnung innerhalb einer Spanne von Anfang und Ende hat die Zeit ein Sein. Nach Augustinus findet sie jedoch keine Dauer und damit kein Sein im *Äußeren* des Wandels, sondern nur im *Inneren*, in der sie bewirkenden Geist-Seele, wie er es nennt. Die dem Menschen unverfügbare, von Gott geschaffene Zeit erhält für ihn eine Gegenwärtigkeit und damit ein Sein nur in der Seelentätigkeit. Diese wird von Augustinus als *distentio animi* bezeichnet, als eine »Ausdehnung« und Erstreckung des Geistes, der Seele selbst. Sie zeigt sich in Form eines Vollzugs – des Erinnerns, des Erwartens und Anschauens, des Wahrnehmens und Auffassens. Der Geist in diesen Tätigkeiten macht die Gegenwart der Zeiten und die Zeit in ihrem Sein verständlich, und zwar in der ihm eigenen Ausdehnung. In der Seele haben die Zeiten eine gegenwärtige Dauer, und dort können sie durchmessen werden.

Die *distentio* der Seele ist wie eine Art Zwischenraum in der Zeit: eine nicht-räumliche zeitliche Ausdehnung. Darin ist sie dem Menschen ein Maß, um das Unstete der wahrgenommenen Außenwelt zu erkennen. Trotzdem wird sie zum Opfer dieses

Unsteten und tendiert in der Sukzession zum Nichtsein. Die Zeit und mit ihr der Mensch teilen das gleiche Schicksal: Sie neigen dazu, sich zu verlieren und zu »zerstrecken«. Wenn Augustinus seine Aufmerksamkeit auf die Tätigkeit der Seele richtet, geht es folglich auch darum, die defizitäre Zerstreckung der Seele in die Zeiten aufzuzeigen, sofern sie sich nicht auf die göttliche Ewigkeit, sondern auf das Unstete der Welt richtet. Die Orientierung am Äußeren fördert die Missbildung der Seele; sie wird zum Opfer der Zeit. Für Augustinus ist daher klar: Nur in der Abkehr von der Zeit und der Welt findet der Mensch sein Heil. Das Glück liegt für ihn nicht in der Zeit – sie ist ein *malum temporale*! Der Mensch hat sich auf die Ewigkeit Gottes zu richten. Solange er sich der wahrnehmbaren Welt zuwendet, bleibt ihm die Zeit unverständlich und unerklärlich. Er muss sich gerade von den äußeren Zeiten befreien, die exemplarisch für das Weltliche stehen. Die Einsicht in das Mangelhafte der menschlich weltlichen Zeit, ihre Zersplitterung, ist der Übergang zur Aufgabe, die Aufmerksamkeit auf das Innere, den inneren Lehrer, also Christus zu lenken, der allein die Einheit der Seele im Angesicht der Ewigkeit verbürgt. Das unzuverlässige Äußere und das alltäglich Selbstverständliche sind für Augustinus Ausgangspunkt des Menschen, sich auf das Ewige, Unwandelbare, auf die Wahrheit – auf Gott hin auszurichten.

»Aber da deine Barmherzigkeit wertvoller ist als alles Leben, so sieh: Mein Leben ist zerteilendes Ausdehnen *(distentio)*. Doch dein Arm fing mich auf, in meinem Herrn, dem Menschensohn. Er vermittelt zwischen deiner Einheit und unserer Vielheit. Wir leben in vielfachen Lebensbezügen unter vielfachen Rücksichten. Aber durch ihn soll ich erkennen, so wie ich ihm erkannt bin. So kann ich frei werden vom Vergangenen und dem Einen folgen. Ich kann das Gewesene vergessen. Statt mich im Blick auf das zukünftig Vergängliche zu zerspalten, strecke ich mich aus *(non distentus, sed extentus)* nach dem, was vor mir ist, so daß ich nicht in Aufspaltung, sondern in einheitlicher Lebensrichtung *(non secundum distentionem, sed secundum intentionem)* die Ehre meiner höheren Bestimmung ergreife. Dort will ich dein Loblied hören und deine Freude schauen, die weder kommt noch geht. Jetzt aber vergehen meine Jahre unter Stöhnen, doch du, Herr, bist mein Trost und ewiger Vater. Ich hingegen, ich bin zersplittert in die Zeiten, deren Zusammenhang ich nicht kenne. Meine Gedanken, die innersten Eingeweide meiner Seele, werden zerfetzt vom Aufruhr der Mannigfaltigkeit – bis ich in dir zusammenfließe, gereinigt und flüssig geworden im Feuer deiner Liebe.«[11]

Die *distentio* ist eine menschenmögliche Dauer als angestrengte Tätigkeit der Seele. Mehr ist – allzu menschlich – nicht zu haben. Zugleich bleiben Weltzeit und endliche Lebenszeit unversöhnlich. Gott ist der Eine in Ewigkeit; der Mensch hingegen ist in die Zeit verwirbelt, und es bedarf der Anstrengung der Geist-Seele, eine Dauer im Wandel zu denken. Als gehorsame (und schuldbewusste) Selbstvergewisserung führt die *distentio animi* zum bloßen Rückzug ins Innere. Gott steht für die Dauerhaftigkeit, dem Menschen wird in seiner leiblichen Endlichkeit die Zeit zum Makel. Zeit gehört abgeschafft. Doch ist sie gerade kein Makel des Menschlichen, sondern seine Bedingung schlechthin.

Machen wir damit einen Sprung hin zu modernen Denkfiguren von Zeit. Die Moderne radikalisiert die Lebenszeit und marginalisiert die Weltzeit, die menschliche Zeit wird nicht länger von der Ewigkeit aus gedacht. Stattdessen ist der Mensch mehr und mehr auf sich allein zurückgeworfen, losgelöst von Kosmos und Schöpfung. War ihm seine endliche Lebenszeit, wie auch immer betrachtet, zuvor noch ein schicksalhaftes Wagnis und erinnerten gerade die vormodernen Autoren daran, wie vermessen es ist, wenn sich der Mensch als Herr der Zeiten aufspielt, wird der Moderne diese Art von Demut fremd. Sie kritisiert zwar die Denkfigur eines unbewegten Bewegers als absoluten Anfang in ihrer metaphysischen und theologisch-ontologischen Ausdeutung als Weltursache, hält jedoch zugleich an ihr fest. Denn sie unterstellt, dass jetzt der Mensch – scheinbar allmächtig – über die Zeit verfügt. Der zugrunde liegende Gedanke: Vormals auf Gott bezogen kann der Mensch jetzt bei sich selbst anfangen. Dadurch erhöht sich der Mensch zum Zeitbeherrscher – zum *unbewegten Beweger.*

Aufgegriffen wird das Motiv des unbewegten Bewegers von Immanuel Kant in seiner *Kritik der reinen Vernunft,* jenem erkenntniskritischen Hauptwerk aus dem Jahre 1781, und insbesondere in seiner Abhandlung *Von der Einwohnung des bösen Prinzips neben dem guten, d.i. vom radikalen Bösen in der menschlichen Natur* aus dem Jahre 1793. Die Problemstellung der Schrift über das Böse ist knapp skizziert: Wenn der Mensch als ein moralisches Wesen überhaupt möglich sein soll, muss er Anfang seines Tuns und Lassens sein. Seine Taten sind ihm nur dann gänzlich zuzurechnen, wenn sie einen von ihm in Freiheit gemachten Anfang haben. Solange unseren Taten immer Ursachen zugrunde liegen, als deren Wirkungen unser Tun verstanden wird, sind wir weder frei – denn wir stehen in Abhängigkeit dieser kausalen Zusammenhänge – noch sind wir verantwortlich für das, was wir treiben. Das heißt, ohne diesen Anfang, den Kant auch als Kausalität der Freiheit bezeichnet, würden wir immer einen Grund für unser Handeln annehmen, für den wir, weil *er* Ursache ist und nicht wir, auch nicht verantwortlich sind. Somit läge auch hier eine defizitäre Denkfigur in Form des *regressus infinitum* vor, wäre da nicht eine erste Ursache unseres Handelns. Unter Freiheit versteht Kant diese Möglichkeit des Selbstanfangs. Der Anfang als *prima causa* wird zum Selbstanfang eines souveränen Subjekts. Damit avanciert der Mensch zu einem unbewegten Beweger, der sich selbst bewegt, so paradox dieser Gedanke anmutet.

Vor allem das 17. und 18. Jahrhundert sind durch eine zunehmende Verzeitlichung des Denkens gekennzeichnet, so dass das menschliche Verhältnis zur Welt insgesamt in seinem erkennenden Bezug zur Zeit gedacht wird. Immanuel Kant sieht in der Zeit eine apriorische Dimension unserer Existenz, die vor aller Erfahrung unsere innere Anschauung des Bewusstseins und das Äußere der Welt bestimmt. Zeit wird neben dem Raum zur wichtigsten Grundlage der sinnlichen Wahrnehmung unserer Welt. Sie ist einer Brille vergleichbar, durch deren Gläser wir die Welt immer schon geformt und gefärbt wahrnehmen, ohne dass wir uns dieser Brille entledigen könnten, so ein Vergleich Heinrich von Kleists.

Während die Erscheinungen in der Zeit dem Wandel unterliegen, ist die Zeit als bloße Form von Veränderungen nicht betroffen: »Die Zeit ist 1) kein empirischer Begriff [...] 2) Die Zeit ist eine notwendige Vorstellung, die allen Anschauungen zugrunde liegt. Man kann in Ansehung der Erscheinungen überhaupt die Zeit selbst nicht aufheben [...]. Die Zeit ist also a priori gegeben. In ihr allein ist alle Wirklichkeit der Erscheinungen möglich. Diese können insgesamt wegfallen, aber sie selbst (als die allgemeine Bedingung ihrer Möglichkeit) kann nicht aufgehoben werden.«[12]

Die Zeit bildet die Ordnung unserer Vorstellungen ab, denn wir nehmen die Welt immer bereits unter den Bedingungen von Raum und Zeit wahr. Zudem ist sie als Sukzession, als Nacheinander, auch die Ordnung unseres Bewusstseins. Das heißt, unser Denken ist selbst zeitlich, unser Bewusstsein und seine Zustände vollziehen sich in der Zeit in einem Ablauf des Aufeinanderfolgens. Ehedem von Gott geschaffen, ist die Zeit, nunmehr Bewusstseins- und Wahrnehmungsleistung des Menschen, als Form unserer Anschauung von vorneherein an unserer Weltsicht beteiligt.

Die Zeit wird zu einer Formursache *(causa formalis)* der Welt. Zugleich stellt sie für Kant das Bindeglied zur Welt dar. Kant spricht hier von der Zeit als einem »Schematismus«, der genau diese Funktion der Bindung von Mensch und Welt hat. Er trägt damit dem menschlichen *Verhältnis* zur Welt über die Zeit Rechnung. Zeit, konkret-sinnlich und zugleich allgemein-formal, eint denkenden Verstand und Anschauung. So wird die Zeit zu einem Grenzphänomen menschlichen Daseins. Durch sie kommt der Mensch zur Welt, hat Welt, ist ein Teil von ihr. Die Frage, *wie* dem Menschen die Welt gegeben ist, rückt ins Zentrum.

Die Zeit umfasst Mensch und Welt. Sie ist kein *malum temporale*, kein Makel der Wahrnehmung und des Erkennens, sondern eine ihrer Bedingungen – seit Kant wird die Zeit zur Bedingung jeder Erfahrung. Der Mensch ist als Erkennender stets in der Zeit, und die Welt unterliegt den Formen und Grenzen seines Erkenntnisvermögens. Das bedingt eine Umkehrung der Verhältnisse – eine, wie Kant es selbst nennt, kopernikanische Wende. Die Welt ist eine Erscheinung, in ihr spiegelt sich anstelle der Wahrheit – wie noch bei Thomas von Aquin – das menschliche Erkennen wider. Anders gewendet: Wir nehmen nicht wahr, wie die Welt *ist*, sondern wie sie uns erscheint. Das Eigentliche der Welt bleibt uns verborgen. Angesichts unserer Erkenntnismöglichkeiten ist die Welt eine menschliche, keine göttliche.

Edmund Husserl, der sich immer wieder mit der Frage nach der Zeit beschäftigt hat, greift die Überlegungen Kants zur Erkenntnis auf. Auch ihm ist das Bewusstsein ein zeitliches und auf die Erfahrung der Welt ausgerichtet, aber er denkt diese Zeitlichkeit weitaus radikaler. Was ihn interessiert, ist das Vermögen unseres Bewusstseins, nacheinander auftretende Sinneseindrücke, sogenannte *Urempfindungen*, sinnvoll miteinander zu verschränken. Ausgangspunkt der Überlegung Husserls ist die Zeit als eine Jetzt-Gegenwart. Dieses Jetzt ist ihm, anders als bei Augustinus, kein einzelner Zeitpunkt, der permanent verschwindet. Er versteht den »Zeitpunkt« als ein Präsenzfeld, das sich in der Zeit aufspannt. Am Beispiel des Hörens einer Melodie erläutert Husserl diesen Gedanken. Eine Melodie dürfte streng genommen gar nicht existieren, wenn Zeit ausschließlich aus der Verkettung von singulären Jetztpunkten bestünde, als bloße formale Sukzession. Ein Ton würde zusammenhanglos dem nächsten folgen. Dennoch können wir die Melodie als eine Melodie vernehmen. Das Bewusstsein vermag die Töne, gleich Punkten auf einer Zeitlinie, in einem Zusammenhang zu hören. Wir müssen uns nicht anstrengen, um einer Melodie zu folgen, wir folgen ihr einfach. Mit den Worten Husserls:

»Wir erinnern uns etwa einer Melodie, die wir jüngst in einem Konzert gehört haben. Dann ist es offenbar, daß das ganze Erinnerungsphänomen *mutatis mutandis* genau dieselbe Konstitution hat wie die Wahrnehmung der Melodie. Sie hat [...] einen bevorzugten Punkt: dem Jetztpunkt der Wahrnehmung entspricht ein Jetztpunkt der Erinnerung. Wir durchlaufen die Melodie in der Phantasie, wir hören ›gleichsam‹ zuerst den ersten, dann den zweiten Ton usw. Jeweils ist immer ein Ton (bzw. eine Tonpause) im Jetztpunkt. Die vorangegangenen sind aber nicht aus dem Bewußtsein ausgelöscht. Mit der Auffassung des jetzt erscheinenden, gleichsam jetzt gehörten Tones verschmilzt die primäre Erinnerung an die soeben gleichsam gehörten Töne und die Erwartung (Protention) der ausstehenden. Der Jetztpunkt hat für das Bewußtsein wieder einen Zeithof, der sich in einer Kontinuität von Erinnerungsauffassungen vollzieht, und die gesamte Erinnerung der Melodie besteht in einem Kontinuum von solchen Zeitkontinuen, bzw. von Auffassungskontinuen der beschriebenen Art. Endlich aber, wenn die vergegenwärtigte Melodie abgelaufen ist, schließt sich an dieses Gleichsam-Hören eine Retention an, eine Weile klingt das Gleich-Gehörte noch nach, eine Auffassungskontinuität ist noch da, aber nicht mehr das Gehörte. Alles ist sonach gleich mit der Wahrnehmung und primären Erinnerung, und doch ist es nicht selbst Wahrnehmung und primäre Erinnerung.«[13]

Das gleiche Phänomen, das der Melodie innewohnt, tritt auch beim Hören eines Satzes auf. Ein Satz besteht streng genommen nur aus einzelnen Lauten, dennoch verstehen wir seinen Sinn, der sich aus seinem Ganzen ergibt. Wir antizipieren diesen Sinn, um das jeweils Gegenwärtige verstehen zu können. Diese Verknüpfung von Erloschenem und Antizipiertem mit dem gegenwärtigen Sinneseindruck leistet nach Husserl unser Zeitbewusstsein. Weit mehr als die Affektion durch Jetzt-Punkte umfasst es als ein zeitlicher Bewusstseinsstrom einen Zusammenhang von Empfindungen, die, wenn auch nacheinander geordnet, die bloße Abfolge von Einzelzeitpunkten übersteigen. Verkettet oder verwoben spannen sich Jetztpunkte von Vergangenem bis hin zu Zukünftigem auf. Diese »Urempfindung« als Ursprung der Präsenz ist eingebettet in das, was Husserl »Retention« und »Protention« nennt, ein Nachklang und ein Vorgriff im »Bewusstseinsstrom«, der ohne unser Dazutun geschieht, wie es das Beispiel der Melodie verständlich macht. Der Bewusstseinsstrom wird zum steten Übergang. Für das Bewusstsein gibt es immer ein Vorher und Nachher, keinen Anfang und kein Ende, eben Unendlichkeit. Wie können wir uns das verständlich machen? Die Retention ist einem Kometenschweif vergleichbar,[14] der von der sogenannten Urimpression, der eigentlichen Empfindung, im Fortgang der Zeit einen verblassenden Lichthorizont hinter sich führt – eine Folge aus Retentionen der Retentionen der Retentionen usw., bis eben das Licht des Kometenschweifes erlischt. Der gleiche Prozess gilt vorwärtsgewandt auch für die Protention. Sie eröffnet Möglichkeitsräume, die mehr oder weniger wahrscheinlich sind und erst in der Zeit verwirklicht werden. Mit der verwirklichten Möglichkeit wird das, was möglich gewesen wäre, seltsamerweise Teil des Vergangenen.

Während Urempfindung, Retention und Protention nach Husserl passive, gleichsam sich automatisch vollziehende Zeitwahrnehmungen im Bewusstsein sind, die ausklingen oder im Horizont des Vorgriffs vergehen und das Jetzt bilden, sind ihm Erinnerung und Erwartung *aktive* Vergegenwärtigungstätigkeiten des Zeitbewusstseins. Sie umfassen zugleich die protentionalen und retentionalen Bewusstseinsinhalte der Präsenz, gehen über diese allerdings weit hinaus.

Uns ist bewusst, dass wir uns der Zeit bewusst sind, dass wir Zeit selbst erfahren. Das ist ein wichtiger Punkt, denn der Phänomenologe Husserl macht damit die Zeit und das Zeitbewusstsein selbst zum *Gegenstand* der Erfahrung. Er fragt danach, wie uns Zeit, Vergangenes, Gegenwärtiges und Zukünftiges gegeben sind. Dabei tritt ein Problem auf: Was Gegenstand der Erfahrung werden soll, muss von einem Bewusstsein begründet sein. Das ist unproblematisch, solange sich das Bewusstsein auf die Dinge der Welt richtet. Aber was ist, wenn es sich auf sich selbst richtet? Müsste dann nicht mein Denken, mein Bewusstsein, das die Dinge konstituiert und ordnet, selbst durch ein Bewusstsein gegründet werden, und dieses wiederum von einem? Wie soll ein Bewusstsein Erfahrung konstituieren und zugleich ihr Gegenstand, ihr Inhalt sein? Erneut verliefe die Argumentation ins Uferlose; die Kette ist nur dadurch zu unterbrechen, dass Husserl ein *absolutes* Bewusstsein, das letztgründend und außerzeitlich ist, annimmt. Dieses wird als unbewegt gedacht und bewegt quasi das zeitliche, strukturierte Bewusstsein unserer Vorstellungen. Das Bewusstsein soll sich bewusst sein, sich selbst noch im Akt des Denkens denken, damit es gegenwärtig ist und sich das Denken beim Denken »zusieht«. Die Gegenwärtigkeit des Menschen, seine Selbstpräsenz, die darin besteht, dass er dem Ursprung seines Bewusstseins beiwohnt, bedarf also erneut der Denkfigur des unbewegten Bewegers, was dazu führt, dass wir uns abermals in der Zeit zum Rätsel werden. Wie man es auch betrachtet, Husserls Zeitkonzeption bildet die Spannung der Zeit ab, zwischen Dauer und permanentem Vergehen, zwischen menschlicher Endlichkeit und der Unendlichkeit der Zeit, zwischen linearer Ordnung der Zeitpunkte und ihrer zyklisch anmutenden Verwobenheit.

Kommen wir somit zu unserer letzten Station, zu der Vorstellung von Zeit, wie sie Maurice Merleau-Ponty umreißt. Er knüpft an Kant und Husserl an, räumt jedoch der *leibhaftigen Erfahrung* von Zeit das Primat ein. Er verweist darauf, dass die Zeit kein Gegenstand unseres Wissens und unseres Bewusstseins ist, sondern zuallererst eine Dimension unseres leiblichen Zur-Welt-Seins. Zeit ist leiblich gebunden. Betrachtet man das Verhältnis, das der Mensch zur Zeit hat, können wir mit Merleau-Ponty sagen, dass sich Zeit als eine vom Menschen und seinen Erfahrungen unabhängige, verfügbare Größe schlichtweg nicht denken lässt. Anders formuliert: Merleau-Ponty führt die Zeit auf die leibliche Existenz des Menschen zurück. Der Mensch ist nicht Herr der Zeiten, er ist als Leib *gelebte Zeit*. Für ihn hängen Zeit und Subjektivität aufs Engste zusammen. Die Zeit ist ihm Zugang zum Verständnis einer leiblich fundierten Subjektivität, eines leiblich konstituierten Bewusstseins. Um diesen Gedanken zu erläutern, greift er die wirkmächtige Metapher der Zeit als Fluss oder Strom auf, kritisiert aber im gleichen Atemzug ihr zu einfaches Verständnis, als fließe Zeit dahin: »Man sagt, die Zeit gehe vorüber oder verfließe. Man spricht vom Lauf der Zeit. Das Wasser, das ich vorüberfließen sehe, hat sich einige Tage zuvor beim Schmelzen eines Gletschers im Gebirge gebildet; es ist gegenwärtig vor mir, es fließt dem Meere zu, in das es sich ergießen wird. Wenn die Zeit einem Flusse ähnlich ist, so fließt sie aus der Vergangenheit der Gegenwart und der Zukunft zu. Die Gegenwart ist die Folge der Vergangenheit, und die Zukunft die Folge der Gegenwart. In Wahrheit ist dieses berühmte Gleichnis ein äußerst verworrenes. Denn auf die Dinge selbst gesehen, sind die Schneeschmelze und ihre Folgen keineswegs sukzessive Geschehnisse, oder vielmehr es ist in der objektiven Welt überhaupt kein Raum für den Begriff des Geschehnisses selbst. Wenn ich sage, vorgestern habe der Gletscher das Wasser gebildet, das gegenwärtig vorüberfließe, so nehme ich einen Augenzeugen an, der an einem bestimmten Ort in der Welt gebunden ist, und vergleiche seine sukzessiven Ansichten des Vorgangs: dort oben war er bei der Schneeschmelze dabei und folgte dem Lauf des Wassers in seinem Abfluß, oder vom Ufer des Flusses aus sah er nach zweitägigem Warten die Holzstücke vorübertreiben, die er an der Quelle ins Wasser geworfen hatte. [...] Nur dadurch konnte dieses Gleichnis von Heraklit bis heute sich aufrechterhalten, weil wir insgeheim dem Flusse schon einen Zeugen seines Laufes beigeben.«[15]

Die Zeit fließt in diesem Bild von der Vergangenheit in die Gegenwart und dann in die Zukunft. Wir sind immer schon zeitlich in unsere Existenz involviert, haben uns gegenüber nicht den Standpunkt der Selbst- und Zeitbeobachtung. Stets sind wir Vergangenheit und Zukunft, immer schon das Gleich, das Morgen oder das Übermorgen, ja wir sind in jedem Augenblick das ganze Leben. Die Zeit, in allen ihren Facetten, die erst entstehen, wenn wir über die Zeit nachdenken, ist im Grunde erst einmal eines: gelebte Zeit. Es bedarf nach Merleau-Ponty keiner aufwändigen Synthese der Zeiten, wie sie Augustinus beschreibt, wenn er fragt, wie die Zeiten, Vergangenes, Gegen-

wärtiges und Zukünftiges, zusammengehalten werden können und als Antwort die Tätigkeit der Seele als *distentio* herausstellt. Nach Merleau-Ponty haben wir lebensweltlich gar nicht das Problem des Zeit-Zusammenhaltens, denn wir *sind* diese Zeiten, wir *sind* Zeitlichkeit schlechthin. Vergangenes und Zukünftiges »existieren« gleichsam ebenso wie die Gegenwart und sind eingebunden in ein Geflecht von Intentionalitäten, also in ein Geflecht, wie wir uns unserer Welt zuwenden. Dieses Geflecht ist der zeitliche Horizont unseres Daseins. Nach Merleau-Ponty ist Zeit entgegen jeder linearen Verkürzung ein Geflecht von *Zeiten*.

»Eben daher ist die Zeit für uns [...] kein System objektiver Positionen, die wir der Reihe nach durchschritten, sondern ein bewegliches, von uns sich entfernendes Milieu, wie eine durchs Fenster eines Eisenbahnabteils gesehene Landschaft. Und doch glauben wir nicht ernstlich, daß die Landschaft es ist, die sich bewegt – blitzschnell fliegt die Bahnschranke vorüber, doch jener Hügel dort hinten rührt sich kaum; und ebenso rückt mir der Beginn dieses Tages in die Ferne, indessen der Beginn dieser Woche schon ein fester Punkt ist, am Horizont eine objektive Zeit sich abzeichnet, die mithin schon in meiner unmittelbaren Vergangenheit angelegt sein muß.«

Welche Konsequenzen können wir aus alledem für unser Verhältnis zur Zeit ziehen? Nun, zunächst wird deutlich, dass wir, solange wir nicht Gott sind, nicht über die Zeit verfügen, nicht ihr Anfang sind, nicht Herr der Zeiten. Gleichwohl sind wir dieser Versuchung erlegen, wenn wir unserem Bewusstsein die herrschende Rolle in unserem Leben einräumen. Doch Autoren wie Merleau-Ponty, vor ihm aber bereits Arthur Schopenhauer, Friedrich Nietzsche oder auch Siegmund Freud, bezweifeln, dass das Bewusstsein, das Denken, Herr im Hause ist. Sie zeigen auf das Leben, das wir leiblich erfahren. Knüpfen wir hier an: Unsere Vorstellung von Zeit, unsere Zeitpraktiken sind im Grunde stets gebunden an unsere *gelebte Zeit*. Was wir über die Zeit denken, haftet an dieser und unserem Leben. *Wir* bewegen uns: gelebte Zeit. Als gelebte ist sie in lebensweltliche

Kontexte gebettet, eine wie auch immer vorzustellende Seinsweise des Menschen. Diese Einbettung, die zeitliche Situiertheit, ist das Wesen der leiblichen Präreflexivität, die Segen und Fluch zugleich ist. Denn diese gelebte Zeit hat nicht nur Folgen für unsere Vorstellung von Zeit, der Frage nach ihrem Anfang und ihrem Sein, sondern auch und vor allem für die Weise, wie wir mit ihr umgehen oder auch durch sie gelenkt werden können. Die Zeit ist als leiblich fundierte inkorporiert und eignet sich daher hervorragend, um uns die Normalisierungen von Zeit und die Technologien ihrer Macht habituell einzuschreiben. Noch bevor Zeit in unser Bewusstsein tritt, ist sie schon leibhaftig geworden. Die Macht schreibt sich dem Leib ein, und eine Zeit, die leiblich präreflexiv fundiert ist, offenbart sich als Medium dieser Macht. Aus diesem Grunde ist unsere Existenz empfänglich für ein Regiertwerden über die Zeit. Allein die Zeit schneidet sich tief in unser Leben ein. Zeitpraktiken legen sich wie ein Mantel um unsere Lebenszeit. Aber sie wärmen nicht.

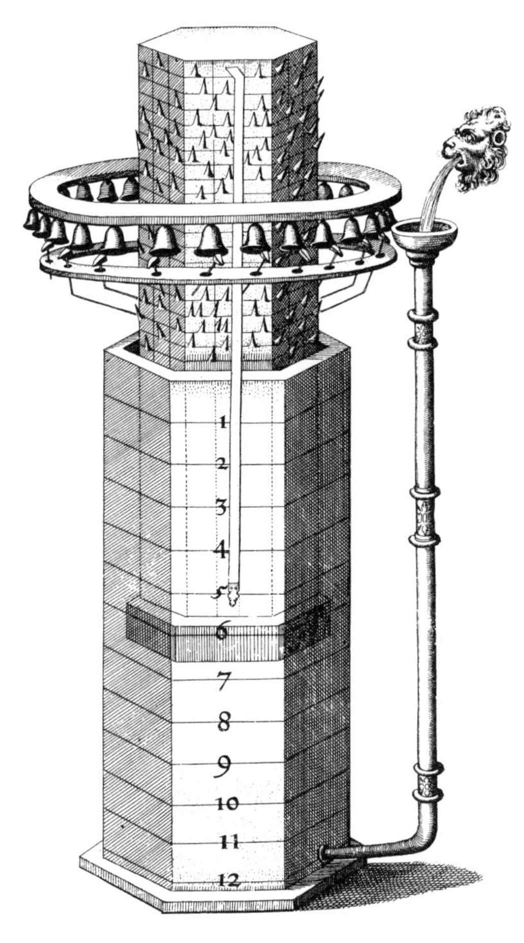

Eine Wasseruhr oder Klepsydra (Stich aus dem 17. Jahrhundert)

Kapitel 3

Vulgäre Zeiten: Ordnungsrufe und Normalisierungen

Vulgäre Zeiten gehören in den Zusammenhang von machtvollen Normalisierungsprozessen, die vorgeben, wer wir sein und wie wir leben sollen, und zwar zu welcher Zeit. Durch sie wird die Norm des »Normalen« definiert, nach der sich der Mensch freiwillig ausrichtet, weil ihm gerade das »Normalsein« so attraktiv erscheint. Wer will schon aus der Reihe tanzen? Die Prozesse der Normalisierung werden über die Quantifizierung der Zeit gesteuert und zu Zeitpraktiken; die quantifizierte, kontextlose Zeit ist die *gemessene Zeit*, Uhrenzeit, »vulgäre Zeit« (Heidegger). Sie wird als abstrahierte Zeit vom Menschen internalisiert und inkorporiert. »Die Turmuhr, die Rathausuhr, die Stubenuhr, die Taschenuhr werfen ein Netz über den Alltag, an das sich Menschen halten müssen, wollen sie erfolgreich handeln. Damit das wirklich funktioniert, muss die Uhr von außen nach innen wandern, in den Körper selbst.«[16] Als vulgäre Zeit verkennt sie jegliche Bindung von Zeit und praktischem Tun, natürlicher Bewegung, Natalität und Mortalität. Doch in manchen Zwischenräumen der Zeitnormierung blinken noch immer Zeiterfahrungen von individueller Ausgestaltung auf. Es sind sicherlich nicht mehr die Zeitspannen eines »Vaterunser«, die klösterlichen Psalmengebete oder das »Ave Maria«, die sich heute der Quantifizierung entziehen, aber wir bleiben noch »auf einen Kaffee« oder für die »Dauer einer Zigarette«, kommen auf einen »Sprung« vorbei und machen die Nacht zum Tag. Merkwürdig unbewusst widersetzt sich unser Leben gelegentlich der strengen Taktung.

Taktungen zeigen sich als Normalisierungsprozesse in vielfältiger Art und Weise. Die Phylogenese der Zeitmessung findet scheinbar eine ontogenetische Entsprechung. Zeit wird in eine abstrakte Form gebracht, die sich dem Menschen als zweite Natur einschreibt. Die Einübung eines richtigen Zeitbewusstseins ist für die normale Zeit von großer Bedeutung. Es gilt noch stets: Was Hänschen nicht lernt, lernt Hans nimmermehr. Kindern wird von Beginn an das Zeitmanagement mit dem Ziel der optimalen Ausnutzung der Zeit vermittelt. Der kindliche Rhythmus beugt sich dem Zeitplan der Erwachsenen und richtet sich nach dem Stundenzeiger aus. Es ist Zeit, wir müssen los! Keine Zeit darf zwischen Kinderhort, Klavierunterricht, Reitstunde und Kindergeburtstag verschwendet werden. Bereits früh sollen Kinder ihren Lebensraum als Arbeitsplatz erfassen. Dabei kennen sie zunächst nur eine leiblich-natürliche Zeitordnung; sie nehmen Zeit kindlich wahr – für erwachsene Menschen scheinbar chaotisch, ist sie für Kinder wohlgeordnet, diskontinuierlich, sprunghaft, im Grunde der menschliche Normallfall. Diese Zeit ist ohne Ziel, darin Gegenwärtigkeit und, wenn man so will, Ewigkeit in einem. Vom Kind könnten wir lernen zu trödeln, staunend zu verweilen und durch das Leben zu schlendern; die soziale Zeit, die sich aus Zeitgliederungen ergibt, ist ihnen anfangs fremd. Zunehmend aber wird ihre zyklische, spielerische Zeitgestaltung der abstrakten, gemessenen Zeit unterworfen, ein Tal ohne Rückkehr. Sie eignen sich die Uhrenzeit an, üben ein, wie man sich über die Zeit kontrolliert und lernen somit eines: keine Zeit zu haben. Die Entwicklungspsychologie gibt die Reifenorm vor, die Lernanstalten binden die Zeit an Erfolg und machen dadurch letztlich krank.

Am deutlichsten wird der Einbruch der Normalzeit durch die Institution Schule, Muster organisierter und normalisierter Zeit. Eine formale Zeit, die erst das Maß der Disziplinierung, dann der Selektion wird. Der Unterricht beginnt pünktlich, Pausen sind knapp bemessen und einzuhalten, die Glocke gibt den Takt vor. Der Erfindung der Schulstunde liegt die Vorstellung zugrunde, Zeit müsse durch Ordnungen und Anordnungen verplant werden. Vor allem sind diese Ordnungen eine Form der Regierung und Disziplinierung. Zu bestimmten Zeiten haben Schülerinnen und Schüler in bestimmten Räumen zu sein und vor allem zu bleiben, die Stundenpläne machen die zergliederte Zeit sichtbar. Mit der Einteilung der Schülerschaft in Altersstufen und der Zuteilung von darauf abgestimmten, stetig wachsenden Lerneinheiten und Wissensbeständen bei zunehmend weniger Zeit werden Stunden- und Lehrpläne zu zeitlogistischen Feinstarbeiten. Seit dem Ausbau des Schulsystems im 19. Jahrhundert drängt sich zudem das Leistungsprinzip und mit ihm das Verhältnis von Leistung und Zeit in den Vordergrund. Leistung wird im individuellen Fortschritt und sozialen Vergleich gemessen. Schnelligkeit wird als Quantitäts- zum Qualitätsmerkmal.

Den Schlussstein der Phylogenese der Zeitmessung bilden die Arbeitsprozesse. Der Takt wird leibhaftig – übrigens kein Signum des 21. Jahrhunderts: »Zunächst, vom 14. ins 18. Jahrhundert, geht es um die Veränderung der großen Lebens- und Arbeitsrhythmen, der Perioden, in denen gewacht und geschlafen, gearbeitet, gegessen, verhandelt, geliebt und gelernt wurde. Hier gibt es die entscheidenden Disziplinierungsschübe, die mit der Umwandlung der agrarischen in die manufakturiellen und schließlich industriellen Gesellschaften einhergingen.«[17] Frederick Winslow Taylor hat die Zeit am Ende des 19. Jahrhunderts zum Zentrum der Arbeitsprozesse gemacht, sie zerteilt und in ein Leistungsverhältnis von Arbeit und Lohn gesetzt. Zeit wird Vorgabe. Für alle. Die Individualisierung der Arbeitszeit durch Einführung der Stechuhr sowie die Freiheit suggerierenden Gleitzeitmodelle der heutigen Zeit lösen sich zwar vom normierten Arbeitsbeginn und -schluss, binden den neuen Spielraum aber an die Forderung nach Effizienzsteigerung. So teilt sich der Mensch die Zeit ein und nutzt sie – wirkungsvoll und gewinnbringend! Im Handel der Finanzmärkte ist Zeit letztlich nichts anderes als Geld: Zinsen und die unterschiedlichen Formen der Geldzirkulation sind eine Perversion der Zeit, denn mit ihrer Ökonomisierung wird das Geld selbst zum Zeitmaß.

Wie ist diese Bindung des Menschen an die Zeit zu erklären? Wie kommt es zur allgemeinen Unterwerfung unter die Zeit? Warum sind dem Menschen die Zeit und ihre Erfassung derart wichtig? »Das menschliche Leben steht unter dem Gesetz der Zeitlichkeit. Das ist alles andere als eine formale, wertfrei hinzunehmende Beschreibung, sondern der Ausdruck einer tiefen, gar nicht beiseite zu schiebenden Bedrohung; denn Zeitlichkeit heißt Vergänglichkeit, heißt Hinfälligkeit, ja schärfer zugespitzt: heißt Nichtigkeit des Menschen im Angesicht der schwindenden Zeit.«[18] Das ständige Kreisen um die Zeit, der Wunsch nach Zeitmessung ist mithin Ausdruck der menschlichen Reaktion auf seine Endlichkeit, die drohende Nichtigkeit und verweigerte Ewigkeit. Um uns unserer Zeit zu vergewissern, versuchen wir sie zu berechnen, sie abzubilden, nachzuvollziehen und uns verfügbar zu machen. Die Zeit vergeht und *wir* bestimmen ihr Maß. So werden wir – scheinbar als ihr Konstrukteur und unbewegter Beobachter – doch noch zu vermeintlichen Herrschern über die Zeit, indem wir uns ihr selbst unterwerfen. Dieser Prozess ist in seiner Genese untrennbar mit der Geschichte der Zeitmessung verknüpft.

Die Wurzeln unseres Zeitverhältnisses und Zeitverständnisses liegen in der Bewegung der Himmelskörper, der Umlaufbahnen der Gestirne, die uns ein erstes Maß vorgeben und die keineswegs mit einem Handstreich als archaische mythische Zeitvorstellung disqualifiziert werden können. Zeit ist noch keine abstrahierte Größe, vielmehr ist sie in den Lebenskontext und in Handlungsformen eingebettet. Die Himmelsbewegungen sind Ausdruck der Ewigkeit und kosmischen Vollkommenheit. In der Bewegung von Erde und Mond entstehen Rhythmen – die Jahreszeiten, der Wechsel von Tag und Nacht. Natürliche Zyklen wie Ebbe und Flut, Regen- und Trockenzeiten treten hinzu und sind in dem sich wiederholenden Ablauf Richtschnur für soziale und kulturelle Prozesse; wir sind quasi schicksalhaft mit der Zeitordnung der Natur verbunden.

Auf den natürlichen Wechsel, die beiden Himmelsleuchten, baut die kalendarische Zeitrechnung auf; Mondmonat und Sonnenjahr, ebenso wie die Wocheneinteilungen müssen durch komplexe Berechnungen in Einklang gebracht werden. Der Kalender hat vor allem die Aufgabe, Zyklen berechenbar zu machen und sie für die Lebensorganisation bis hin zur Nutzbarmachung der Natur einzusetzen. Die Berücksichtigung sozialer Ereignisse und religiöser Zeiten tritt hinzu, und am Ende spielen neben mathematischen und astronomischen Größen weltliche und religiöse Machtverhältnisse eine Rolle. Die Entwicklung der unterschiedlichen Kalenderwerke basiert auf den

Kenntnissen gebildeter Gesellschaftsschichten und auf der Protektion sowie Nutzung durch weltliche und religiöse Herrscher. Der julianische Kalender des Julius Cäsar wird 46 v. Chr. beispielsweise wirkmächtige Grundlage der einheitlichen Verwaltung des römischen Weltreiches. Er verteilt die für die Anpassung an ein 365-tägiges Sonnenjahr erforderlichen – bislang fehlenden – Tage pro Jahr auf alle Monate und legt fest, einen weiteren Schalttag alle vier Jahre einzufügen. Aufgrund noch immer bestehender Schwankungen – das Kalenderjahr ist zu lang – wird eine weitere Korrektur notwendig, die die Reform unter Papst Gregor XIII. vornimmt. Er führt im Jahr 1582 das bis heute grundlegende Kalenderwerk ein, das er in der päpstlichen Bulle *Inter gravissimas* verkündet. Um wieder eine Angleichung von Jahreszeiten und Kalender herzustellen, lässt er zehn Tage wegfallen, sodass auf den 4. Oktober 1582 der 15. folgt – eine nicht ganz widerspruchsfrei hinzunehmende Reduktion: Als Antwort darauf erscheint 1584 eine kleine Schrift mit dem Titel *Ein kurzweiliges Gespräch zweier meissnerischer Bauern über den neuen Bäpstischen Kalender*. Darin wissen die Bauern Merten und Bebel »genau zu berichten, warum der Kalender reformiert worden sei. Der Papst habe den neuen Kalender nämlich nur gemacht, weil er fürchte, der Jüngste Tag komme zu früh. Nun habe er aber durch den neuen Kalender Christus verwirrt, und dieser wisse nun nicht mehr, wann er denn eigentlich zum Gericht zu erscheinen habe, so daß der Papst noch länger seine Bubenstücke aufführen könne!«[19] Neben der Neuregulierung der Tage sieht der gregorianische Kalender vor, dass alle durch vier teilbaren Jahre Schaltjahre sind, ausgenommen davon sind die Jahrhundertwechsel. Die Säkularjahre haben nur dann einen Schalttag, sofern sie sich durch 400 teilen lassen. Daher ist zum Beispiel das Jahr 1600, nicht aber das Jahr 1900 ein Schaltjahr. Neujahrsbeginn wird einheitlich der 1. Januar. Durch diese Kalenderreform wird es möglich, das Jahr des Kalenders mit dem astronomischen weiter in Übereinstimmung zu bringen und Differenzzeiten einzuschränken.

Der Anspruch des »Differenzabbaus« liegt der Erfassung

von Zeit seit ihren Anfängen zugrunde. Die Geschichte der Zeitmessung ist die einer fortlaufenden Präzisierung und Optimierung als einer »Denaturalisierung«[20] der Erfahrung von Zeit. Das heißt: Die naturgebundene Zeitordnung wird im Laufe der Geschichte immer abstrakteren Formen der Zeitmessung unterworfen. Alles beginnt mit der Beobachtung: Sterne, Sonnen- und Mondlauf, die Schattenlängen und Fließgeschwindigkeiten – Gleichförmigkeiten von Bewegung werden registriert und in strukturierende Einheiten gebracht. Auf die Babylonier geht die Gliederung des Tages in zwölf Doppelstunden zurück. Der Tagesrhythmus des Lichttages erhält den Takt der Stunde, Tag und Nacht sind voneinander geschieden. Von einer Stunde mit konstant 60 Minuten kann hier freilich noch nicht gesprochen werden, denn die Länge wechselt jahreszeitlich: Die Tages- und Nachtzeiten werden zwar in je zwölf Einheiten gegliedert, die untereinander identisch sind, sie hängen jedoch von der Dauer des Lichttages und der Dunkelheit in ihrer Ausdehnung ab (Temporalstunden). Erst das Hochmittelalter kann 24 gleich lange Stunden (äquinoktiale Stunden) zugrunde legen.

Es ist die Erfindung der Sonnenuhr, die diese ersten Stundeneinteilungen ermöglicht. Durch den Schattenwurf eines aufrecht stehenden Stocks *(gnomon)* kann eine Bestimmung der Zeit erfolgen. Das Prinzip der Sonnenuhr findet sich bei den Ägyptern bereits um 2000 v. Chr. Vermutlich ist sie zunächst zur kalendarischen Zeitrechnung gedacht, erst später zur Zeitmessung des Lichttages. Das Instrumentarium der Zeitmessung über die Sonne wird in den antiken Kulturen, insbesondere der griechischen und vor allem römischen Antike verfeinert, sodass auch die Messung kleinerer Zeitabstände gelingt. Zylindrische, platten- und pfeilerförmige Sonnenuhren entstehen, auch tragbare Modelle bis hin zu monumentalen Ausführungen. Sie erlangen durchaus den Rang eines Statussymbols. Die Messung der Länge des Schattens wird zur Grundlage von Verabredungen. Sich beispielsweise auf die Zeit von sechsfüßigen Schatten zu treffen ist in der Antike eine erste Form der Strukturierung und Ordnung des sozialen Lebens. Allerdings ist den Sonnenuhren der gravierende Nachteil gemeinsam, dass sie geeignete Lichtverhältnisse zur Voraussetzung haben, zudem müssen sie spezifisch auf den Standort bezogen eingestellt werden.

Diese Defizite gleichen etwa 500 Jahre später die Wasseruhren (Klepsydren) aus.[21] Das Zeitmaß ist nicht mehr auf das Licht und den Sonnenstand angewiesen, sondern basiert auf der Wassermenge, die in einem bestimmten Zeitraum durch eine enge Öffnung abfließt. Füllmengen werden je nach Jahreszeit berechnet. Durch die Entdeckung der Wasser- oder Auslaufuhren wird es möglich, Zeitabläufe Tag und Nacht zu bestimmen. Die mit Skaleneinteilungen versehenen Gefäße finden ihren Einsatz in den unterschiedlichsten Bereichen. Sie werden sowohl öffentlich aufgestellt als auch zum privaten Gebrauch genutzt, steht die Zeit doch zugleich für Herrschaft und Macht. Der genauere Wechsel der Nachtwachen kann über das Zeitmaß der Wasseruhren vereinbart werden, selbst die Bemessung von Redezeiten vor Gericht durch sogenannte »Kannen« lässt sich über sie steuern. Seit dem 5. Jahrhundert v. Chr. wird in attischen Gerichtsgremien über einfache Auslaufgefäße die zugestandene Redezeit bestimmt.[22] Wie man sich im Rahmen der festgelegten Fristen adäquat präsentiert, übt der angehende Redner mithilfe der Wasseruhren in den Rhetorikschulen. Der freie Bürger richtet den öffentlichen Auftritt nach der Zeit aus, er beginnt und endet pünktlich. So »gesteht man sich Wasser zu« oder redet »nach dem Wasser« und lernt, sich Zeitspannen zu unterwerfen. Technisch von Bedeutung ist insbesondere die Einlaufuhr in Griechenland, die den Wasserdruck im Nachlaufbehälter konstant halten kann und damit die Bewegung des Abfließens gleichförmig macht. Die Zeiteinheiten werden über eine Anzeigemechanik, die von einem Schwimmer bewegt wird, ablesbar. Doch auch die Wasseruhren bringen Nachteile mit sich: Sie machen eine fortlaufende Betreuung notwendig, zudem können durch das Verstopfen des Tropflochs, die Verdunstung des Wassers oder das Zufrieren der Gefäße gravierende Ungenauigkeiten auftreten.

Mangels weitaus präziserer Alternativen bleibt die Kombination aus Sonnen- und Wasseruhren, ergänzt u.a. um Kerzen- oder Räucherwerkuhren, deren Brenndauer eine Zeiteinteilung vorgibt, lange Zeit die Grundlage der Zeitmessung. Was sich verändert, ist dagegen die Bedeutungszuschreibung der Zeit. Als Ausdruck der zeitbeherrschenden Genauigkeit prägen Uhren vor allem das klösterliche Leben. Die christlichen Horen (Gebetszeiten) werden zu symbolischen Zeiten, die ihren Gehalt aus der theologischen Anbindung schöpfen. Dabei stehen die Stunden des Tages in Analogie zur Lebenszeit. Die christliche Zeitstrukturierung teilt den Tag und die Nacht in Einheiten auf, die mit den Gebetsstunden korrelieren. Gebete sind an exakte Stundenvorgaben gebunden, sodass die Zeitmessung zu einer strikten Zeitdisziplin überleitet, die den Klosteralltag normiert und das zeitliche Einhalten von Regeln durchsetzt. Der italienische Abt Benedikt von Nursia etwa verbindet die von ihm um 550 n.Chr. verfassten Ordensregeln mit einem Stundenplan. Zeit muss genutzt werden. Die durch Augustinus diskreditierte irdische Zeit wird abgeschafft, indem sie lückenlos verplant wird. In disziplinierter Arbeit und Pünktlichkeit wird der Mensch Gott gefällig. Daher regelt ein strenges Zeitschema den klösterlichen Ablauf. Das tägliche Chorgebet, bestehend aus drei Haupteinschnitten des spätrömischen Sonnentags und vier »natürlichen« Gebetszeiten, ordnet das Leben der Mönche, die über die zur Verfügung stehenden Uhren die Einhaltung der geregelten Abläufe garantieren können: Gebete und Arbeitsabläufe erfolgen zu genau bestimmten Stunden. In Kirchen und Klöstern zeigen sich die Uhren in ihrer Verbreitung geradezu als »Gebrauchsgegenstände [...], deren Unterhaltung zum festen Bestandteil der Ausgaben der Kirchenverwaltung gehört«.[23]

Eine einschneidende Innovation in der Geschichte der Zeitmessung stellt die Entwicklung der mechanischen Räderuhr dar, die im Vergleich zu bisherigen Messverfahren präziser und über Tag und Nacht hinaus funktioniert. Interessanterweise dient sie als komplexes mechanisches Werk zunächst weniger der konkreten Zeitmessung, sondern ist eher eine bewunderte

Abbildung des Kosmos in der Gestalt des Automatismus, der Himmelsbewegungen nachzeichnet. Die Räderuhr wird zur Metapher des Weltlaufs, der Vollkommenheit des »Automaten«. Die Mechanik ist Sinnbild einer vom Menschen gemachten Zeit. Einmal angestoßen ist sie Symbol der *Selbstbewegung*. »Die Schöpfung wird zu einer einmal gebauten und aufgezogenen Uhr.«[24]

Die Zeitmessung mit mechanischen Uhren beginnt ab dem Ende des 13. Jahrhunderts und setzt sich im Laufe des 14. Jahrhunderts durch. Nun fängt die Zeit an, ihr eigenes Leben zu führen. Mechaniker verwirklichen ihre Visionen und stellen ihr handwerkliches Können in den Dienst der Zeit. Uhrwerke beeindruckenden Ausmaßes entstehen. Ihr Schlagwerk greift hörbar in das klösterliche und sukzessive auch in das öffentliche Leben ein. Zeit wird erfahrbar über die gezählten Schläge, Uhr und Glocke gehen eine Symbiose ein. Indessen ist die Glocke als Zeitregulator nicht neu. Lange vor der Verbindung von mechanischer Uhr und Glockenschlag gibt es Glockenzeichen, z. B. die Gemeindeglocke, die zur Beratung ruft, oder die Werkglocke, die Anfang und Ende der Arbeit einläutet, weiterhin finden sich eine Schmied-, Feuer-, Wein- und Bierglocke, die Tor-, Zins-, Markt- oder Ratsglocke.[25] Durch die Einführung der mechanischen Räderuhren werden diese unterschiedlichen Glockenzeichen obsolet. Anstatt ihrer kündet fortan eine Stundenglocke, vom Glöckner geschlagen oder seit dem 14. Jahrhundert auch mechanisch, von der Zeit. Entsprechend hat sich die Technik des Glockengießens zu verfeinern. Glocken müssen raumgreifend werden – der Klang muss sich über Stadt und Land verbreiten. Öffentliche Uhren mit Glockenschlag werden in Europa ab dem 14. Jahrhundert in allen größeren Städten errichtet. Die sichtbare und akustische Präsenz der Uhren führt jedoch nicht sogleich zur absoluten Bindung an die gemessene Zeit. Immer noch sind natürliche Zeiteinheiten – vor allem auf dem Land – lebenszeitbestimmend. Der Siegeszug der Zeit lässt sich damit allerdings nicht aufhalten.

Wirkmächtig an der mechanischen Räderuhr, ihrer Stundentaktung und ihrem Schlagwerk sind ihre Permanenz und Nachhaltigkeit, die eine Aufmerksamkeit und zunehmende Internalisierung der Zeit mit sich bringen. Die Grundlage für die mechanische Räderuhr ist das Prinzip des Hemm-Mechanismus, das in europäischen Klöstern entdeckt wird. Der Vorgang des Hemmens sorgt dafür, dass die Bewegung eine gleichförmige Taktung erhält. Über eine gleichmäßige Anordnung der Zähne am Hemm- oder Steigrad wird die von Gewichten angetriebene Bewegung unterbrochen und in einen regulierten Ablauf des Anhaltens und Fortschreitens überführt. Die Hemmung als Verzögerung »macht den Ablauf kontinuierlich, reguliert die großen Schritte des Tages und der Nacht, indem sie viele kleine Schritte daraus macht«.[26]

Mit der Entdeckung der Pendeleigenschaften zum Ende des 16. Jahrhunderts durch Galileo Galilei wird die Grundlage für die Räderuhr mit Pendelantrieb gelegt. Eine Verbesserung der Genauigkeit der Pendeluhr gelingt 1658 dem niederländischen Uhrmacher Christian Huyghens. Das Pendel löst im Schwingprozess jeweils das Fortschreiten der Zeitanzeige aus. Voraussetzung für die genaue Zeitangabe ist die Gleichmäßigkeit der Pendelbewegung. Luftfeuchtigkeit oder Temperatur dürfen hier keine beeinflussenden Parameter sein.

Zeitgleich zu den ersten mechanischen Räderuhren findet in Europa die Sanduhr ihre Verwendung und Verbreitung. Dort, wo eine öffentliche Räderuhr noch nicht etabliert ist, richtet man sich nach dem an der Sanduhr orientierten manuellen Stundenschlag aus. Sanduhren sind präzise und vergleichsweise preiswerte Messgeräte der Zeit. Durch den Triumph der Räderuhr ist die Geschichte des Einsatzes der Sanduhr weniger präsent, gleichwohl haben »die Sanduhren [...] für die Durchsetzung des sozialen Gebrauchs der neuen Stundenrechnung und für die Erprobung neuer zeitorganisatorischer Techniken weit über das Spätmittelalter hinaus eine den Räderuhren mindestens vergleichbare Rolle gespielt«.[27]

Mit anderen Worten: Ob nun als Sand- oder Räderuhr, Hemmmechanismus oder Pendelbewegung – die Zeit schreitet voran, bestimmt und verändert das Leben. »Die Stunde ist der neue Zeitabschnitt, der vom 14. ins 17. Jahrhundert das soziale Leben zu dominieren beginnt. Tag und Nacht, die bis dahin über die Verkreuzung ungleicher Rhythmen stabilisiert wurden, durch die bewegliche Zuordnung von Sonnenstand, Hahnenschrei, Essens- und Arbeitsrhythmen, werden einem weit festeren Raster unterworfen: den 24 Takten, welche die Stunde in den Umlauf der Sonne legt. Statt der Orientierung der sozialen Rhythmen an veränderbaren naturalen Phasen werden sie zunehmend an unveränderbare gebunden, zuletzt an die durch Feldkräfte definierten Schwingungsintervalle. Dieser Uhrengang der Dinge reguliert das individuelle wie kollektive Leben zunächst von oben, geht von da nach unten, um schließlich nach innen zu wandern.«[28]

Zunehmend wirken die öffentlichen Uhren auch auf die Arbeitszeiten ein. Arbeit und kontrollierte Zeit finden zusammen. Die Erfindung der Uhrzeit ist obendrein die Entdeckung ihrer Manipulation. Das Verstellen der Zeit zur Verlängerung der Arbeit ist keine Seltenheit. Vor allem die sogenannten Stundengläser bedienen das steigende Bedürfnis nach einer exakten Zeitbestimmung. Pausenzeiten werden über Stundengläser festgelegt. Mit den Viertelstundenuhren, auf die das akademische Viertel zurückgeht, entsteht unter den Bedingungen, dass Sitzungen in städtischen Ratsgremien nicht immer zur vollen Stunde beginnen, ein neues Maß bürgerlicher Pünktlichkeit. Ist der Teilnehmer nach Ablauf der Viertelstunde noch nicht zur Sitzung erschienen, drohen Geldstrafen.

Mit der verfeinerten mechanischen Entdeckung der Verbindung von Zugfeder und Schnecke wird der Weg zur Herstellung tragbarer Uhren geebnet. Der vormalige Antrieb der Uhr über Gewichte wird ersetzt durch die gespannte Stahlfeder. Im 16. Jahrhundert setzt der Nürnberger Uhrmacher Peter Henlein bereits Uhrwerke in kleine Metallgehäuse ein. Das löst allgemeine Bewunderung aus. Staunend wird vermerkt, dass er »aus wenig Eisen [...] Uhren mit sehr vielen Rädern [baut], welche, wie immer gelegt, ohne jedes Gewicht 40 Stunden zeigen und schlagen, auch wenn sie auf der Brust oder in der Börse getragen werden«.[29] Die Entwicklung des Chronometers verstärkt den Wunsch nach der allgegenwärtigen, genau gemessenen Zeit. Feinere Zeiteinteilungen werden zunächst durch ein zweites Ziffernblatt, das Viertelstunden anzeigt, dann durch die allmähliche Etablierung der Minuten- und Sekundenzeiger möglich. Die übliche Erweiterung der Uhrenmechanik um den Minutenzeiger findet vermutlich im Laufe des 16. Jahrhunderts statt, der Sekundenzeiger tritt im 17. Jahrhundert hinzu. Mechanische Uhren quantifizieren kleine Zeiteinheiten und präzisieren ihre Ganggenauigkeit.

Die Zeit wird schließlich zum Begleiter des Menschen – heftet sich an sein Leben, regiert Körper und Seele. Ende des 17. Jahrhunderts wächst in den städtischen Gesellschaften die Nachfrage nach mechanischen Uhren. Wissenschaftliches Interesse, naturwissenschaftliche Erkenntnisse, der Glaube an die Höherentwicklung durch Rationalität machen die objektivierbare Zeit und die abstrahierte Zeitmessung zum attraktiven Signum der Moderne. Zeit ist Fortschritt und zeugt von aufgeklärtem Geist. Zugleich ist sie attraktiv. Groß- und Kleinuhren in verschiedensten Ausführungen verschönern als Luxusgüter den Alltag. Zeit zu verschenken wird materiell umgesetzt. Die Standuhr avanciert in adligen und bürgerlichen Kreisen zum begehrten Mobiliar. Anhängeruhren nehmen die skurrilsten Formen an. Man kokettiert »mit dem Besitz ästhetisch durchgestalteter Beispiele modernster technischer Leistungsfähigkeit und dem geheimnisvollen, mehr oder weniger bewußten Wunsch, mit dem Medium Zeit im privaten Wohn- und Lebensbereich intimeren, häufig spielerischen Umgang zu haben.«[30] Die Uhr ist ein Statussymbol, der Mensch schmückt sich mit der Zeit. Nicht mehr auf die öffentliche Uhr angewiesen zu sein, sondern die Zeit *selbst* zu besitzen, erzeugt ein erhabenes Gefühl. Insbesondere Taschenuhren werden im 19. Jahrhundert zu begehrten Zeitmessgeräten, in der zweiten Hälfte steigt der Umsatz deutlich an. Die erste elektrische Uhr wird 1839 von dem Optiker Carl August Steinheil gebaut. Armbanduhren in der heute vertrauten Form erscheinen um 1850 auf dem Markt, sie stellen eine Errungenschaft des Menschen im Leben mit der Zeit dar, die seitdem nicht mehr wegzudenken ist. Die Uhr ist beim Menschen angekommen und legt seine unmerkliche Verstrickung in ihre Regierungspraktik offen – dazu Nietzsche treffend: »Man schämt sich jetzt schon der Ruhe; das lange Nachsinnen macht beinahe Gewissensbisse. Man denkt mit der Uhr in der Hand [...].«[31]

Trotz der rasanten Verbreitung der Uhr hält die Zeit nach wie vor Aufgaben bereit, die es zu lösen gilt. Da ist einerseits der fortlaufende Optimierungswunsch, wie lassen sich Ungenauigkeiten noch weiter reduzieren, andererseits das große Problem der fehlenden zeitlichen Übereinstimmung, hat doch im Grunde jeder Ort seine eigene Zeit. Ende des 18. Jahrhunderts wird angesichts der »Verdichtung des Verkehrs- und Nachrichtenwesens [...] die Synchronisierung der Orts- und Regionalzeiten«[32] zum dringlichen Anliegen. Eine beschleunigte, mobiler werdende und durch Kommunikation vernetzte Welt bedarf der zeitlichen Vereinheitlichung. Die Frage ist, wie diese in den Städten und auf dem Lande realisiert werden kann. Das Netz der Uhrenzeit muss sich nachvollziehbar aufspannen; Berechnungsbasis dafür wird die Bestimmung der mittleren Sonnenzeit, die in Berlin beispielsweise ab dem Jahre 1810 eingeführt wird. An ihr werden jeweils die öffentlichen Uhren per Anordnung ausgerichtet. Dabei schaut man jetzt auf die Uhr des *Postamtes*, die auf der Basis der errechneten mittleren Sonnenzeit fortan die Normalzeit angibt – selbst die Kirchturm- und die Rathausuhren orientieren sich nach ihr und verlieren damit die vormalige Monopolstellung. Mitte des 19. Jahrhunderts sind es die Eisenbahngesellschaften, die die für alle richtunggebende Zeit als einheitliche *Eisenbahnzeit* mit dem Ausbau des Schienennetzes in die kleinsten Ortschaften bringen. Zunächst variiert die Zeit, die sich nach der Ortszeit der Eisenbahngesellschaften richtet und in den Fahrplänen widerspiegelt, im Vergleich zu anderen mittleren Ortszeiten. Die Synchronisation wird aber von staatlichen Stellen unterstützt.

So vermittelt »nicht mehr die Post, sondern die Eisenbahn [...] die hauptstädtische Tageszeit in die Regionen«.[33] – Die Zeit ist unterwegs. Im Jahre 1873 dringen aus Amerika die Pläne für eine Weltzeit nach Europa. Zur Regelung der differierenden Lokalzeiten wird 1884 die internationale Meridiankonferenz ins Leben gerufen, die durch die Festlegung des Nullmeridians in Greenwich den entscheidenden Schritt zur Regelung der Zeitsysteme macht. Im Jahre 1893 legt man im Deutschen Reich die Einheitszeit fest. Bis ins Atomzeitalter der Uhren hinein ist die mittlere Ortszeit von Greenwich als mittlere Sonnenzeit des Nullmeridians Ausgangspunkt für die Errechnung der Zeit in den verschiedenen Zeitzonen. Zeit ist nicht mehr einfach nur Zeit, sie ist Weltzeit und normalisiert die Welt unter der Regentschaft der Uhrenzeit.

Im Jahre 1930 erblickt die Quarzuhr das Licht der Welt. Sie ist Ausdruck des stetigen Bedürfnisses nach konstanter Genauigkeit und dem nicht nachlassenden Verlangen nach einer noch immer exakteren Zeitmessung. Für die Zeit ist nun die Schwingung des Quarzkristalls verantwortlich. Diese unterliegt einer täglichen Schwankung von 0,2 Millisekunden und kann für ca. zwei Jahrzehnte den mittlerweile ausgeprägten menschlichen Zeitwahn befriedigen. Doch immer noch können Temperaturunterschiede die Genauigkeit herabsetzen. Die Gleichmäßigkeit der Schwingung muss bei großen Quarzuhren über ein Thermostat geregelt und kontrolliert werden. Es bedarf einer weiteren Entwicklung, die in der Atomuhr kulminiert. 1948 wird in den USA die erste Atomuhr gebaut und seitdem verfeinert. Heute ist es die Atomuhr, die uns auf der Basis der Wellenlänge des Cäsiumatoms eine Zeitmessung garantiert, die in der Rechnung von Millionen Jahren höchstens die Abweichung einer Sekunde haben wird. Sie suggeriert die absolute Zeit, die unabhängig ist vom Menschen. Die Präzision in der Zeitmessung wirkt beruhigend, wenngleich vermutet werden kann, dass selbst dieser Abweichungswert dem Menschen Herausforderung bleibt. Das Internationale Büro für die Zeit errechnet seit den 50er Jahren des 20. Jahrhunderts die genaue Zeit auf der

Basis von gleich mehreren Cäsiumuhren und veröffentlicht die »koordinierte Weltzeit«.

»Wie die Zifferblätter nicht mehr der runden Erde, ihre Zahlen nicht mehr den Fingern ähneln, so verliert der Zeitpunkt die Entsprechung zum Augenblick, der Zeitablauf die Analogie zur Lebensgeschichte des Menschen. Auch die Bindung der Zeit an Bewegungen von Himmelskörpern, an Sternstunde, Erdentag, Mondmonat und Sonnenjahr wurde aufgekündigt, als die Perfektion der neuen Uhren die von Leibniz vermuteten Schwankungen der Erdumdrehung enthüllte: Man mißt die Sekunde [...] nach Atomschwingungen und unterteilt jede in eine Milliarde Nanosekunden, die mit Computern gezählt werden können. Sind das noch Zeitsymbole, die von Menschen auf ihre sozialen Beziehungen zugeschnitten wurden? Wir leben in einer Atomzeit, nicht mehr in einer Kalenderzeit.«[34]

Der Mensch ist der globale Herrscher über die Zeit und zugleich wird er von der Zeit beherrscht. Wir sind aufgerufen, unsere individuelle Zeit, die Zeit unseres Körpers, der Sinne, unsere »innere Uhr« an die künstliche, abstrahierte Zeit anzupassen. Denn mit ihr ist die objektive, wahre Zeit geschaffen, ein Herrschaftsinstrument, das wir immer deutlicher internalisieren und uns zu eigen machen. Es braucht keine öffentlichen Uhren mehr, wir haben die Zeit stets dabei und wir haben vor allem uns – wir sind laufende Uhren, getaktet und normiert, perfekt funktionierend. Zeit ist private Vorsorgepflicht. Pünktlichkeit – Zeichen klösterlicher Disziplin – wird zur kleinbürgerlichen Tugend des gehorsamen Tuns. Die Zeit, in der wir leben, ist gewollt und geworden. Wir huldigen ihr, die unser Dasein bestimmt, wir lobpreisen ihre Gaben: Zukunft und Fortschritt.

Mechanische Wasseruhr (Holzschnitt 16. Jahrhundert)

Kapitel 4

Von heiligen Kühen: Zeitgewinne

Heute leben wir in beschleunigten Zeiten – das zumindest unsere Wahrnehmung und unser Zeitgefühl. Wie kommt es zu dieser Vorstellung? Die Lebenszeit hat sich über die Jahrhunderte hinweg deutlich positiv verändert: Wir werden älter, haben mehr Freizeit, Arbeitszeiten sind flexibler und im Vergleich zu früher auch weniger lang, wir verfügen über Technologien, die uns sogenannten Zeitgewinn ermöglichen – insgesamt müssten wir also entspannt sein. Und dennoch zerrinnt uns die Zeit, haben wir den Eindruck, sie risse uns mit sich, beschleunigt, gibt Gas. Liegt es an der Schnelligkeit, die uns umgibt? Natürlich spielt Schnelligkeit im Leben der Menschen eine große Rolle – Schnelligkeit fasziniert – wobei sich die Schnelligkeit von der Beschleunigung unterscheidet. In einer schnellen Welt zu leben ist bei Lichte betrachtet, etwas anderes als in einer beschleunigten.

Die Vorstellung der Menschen von einer Beschleunigung der Zeit ist modernen Datums und in der heutigen Form vorwiegend auf das 18. Jahrhundert zurückzuführen. Sie geht im Grunde mit einer neuen Zeitstruktur und damit einer neuen Zeiterfahrung einher, die in der Metapher des Fortschritts zusammengefasst ist. Während sich die Schnelligkeit auf einen Gegenstand, eine – mehr oder minder – natürliche Bewegung bezieht, ist die Beschleunigung als auf die Zeit selbst zentriert gedacht. Der Fortschritt hat die Zeit zum Gegenstand; es geht um eine Loslösung von Zeit als erlebte Form des Menschseins. Diese Erfahrung ist für den Menschen erstmalig durch die Eisenbahn greifbar. Mit ihr als Sinnbild der Beschleunigung verabschiedet er sich von einer Zeitbewegung, die ehedem an der Natur haftete und an die Erfahrung des Raumes in der Zeit gebunden ist: die Schnelligkeit der Segelschiffe oder die Laufkraft der Pferde. Es entsteht der Eindruck, als wachsen »die auseinanderliegenden Städte [...] zu einem ›künstlich koncentrierten Raum‹ zusammen«.[35] Die Eisenbahn trennt die Zeit von den Grenzen der Bewegung und lässt zugleich den Raum schwinden.

»Man setzt sich auf die Eisenbahn und rutscht in 33 bis 35 Minuten nach dem fünf Stunden entfernten Potsdam.«[36] Im menschlichen Erleben durchbricht die Eisenbahn die tradierte Zeitstruktur. Eine Fülle von Sprichwörtern legt Zeugnis davon ab. Man hat die Vorstellung, als könne die Eisenbahn prinzipiell bis ins Unendliche beschleunigen, es bedürfe allein des zunehmenden Druckes. Offenbar muss sie sich nicht an natürliche Grenzen der Geschwindigkeit ausrichten, die Schienen spiegeln die ungebrochene Linearität der Zeit wider. Die Geschwindigkeit der ersten Eisenbahn ist überschaubar, trotzdem entspricht sie der rasenden Zeit, die mit dem Alltag der Menschen und ihrer Wahrnehmung nicht mehr kongruent ist. Der Mensch eilt auf den gelegten Schienen menschlicher Zeit in die Zukunft, der »Zug der Zeit« nimmt Fahrt auf, Zeit-Druck entsteht. Mit anderen Worten: »Es wird höchste Eisenbahn: Die Zeit ist schon [...] angekommen.«[37] Die Eisenbahn wird zum Symbol einer Zeit der Beschleunigung. »Mit der Eisenbahn schien der Mensch endlich Herr über die Naturgewalten zu werden, an sie knüpften sich jene utopischen Hoffnungen, die mit zunehmender Geschwindigkeit das vermeintliche Ziel der Geschichte, den ewigen Frieden zu erreichen trachteten. [...] Die Bürger stellten exakte Berechnungen an, wie sehr sich durch die wachsende Geschwindigkeit die Arbeitszeit verkürzen müsse und der Raum zusammenschrumpfe.«[38]

Mit der Vorstellung von Zeit und ihrer Erfahrung ist etwas geschehen. Um diesen Gedanken verständlich zu machen, müssen wir uns in das Denken des 18. Jahrhunderts begeben, in dem *Zukunft* und *Fortschritt* neue Zeitgestalten werden. Die »Zukunft« gehört bis heute zu den wichtigsten und vielleicht wirkungsvollsten Zeitmächten. An der Zukunft hängen Hoffnungen, Erwartungen, Ängste sowie die Beschwörung des Neuen. »Was die Zukunft bietet, ist in einem Satz die Kompensation des gegenwärtigen Elends, sozial, politisch, moralisch, literarisch, was immer das empfindsame Herz oder die aufgeklärte Vernunft begehren mögen.«[39] Bei genauem Hinsehen ist die Zukunft eine *Erfindung*.[40] Wer sie erfunden hat, wird schwer zu sagen sein. Wann, das kann nur vermutet werden. Ein Patent ist nicht angemeldet, leider auch kein Gebrauchsmusterschutz. Doch wie kann Zukunft eine Erfindung sein, wenn es sie schon immer gibt? Wie sollten wir ohne Zukunft leben können? Die Zukunft als Entdeckung, gar als Erfindung zu begreifen und nicht als ohnehin gegebene Zeitform, erfordert, sich von tradierten Zeitvorstellungen zu befreien. Da also bereits eine komplexe Zeitstruktur unserem Denken vorhergeht, ist es hilfreich zu fragen, wo unser selbstverständliches Denken über die Zukunft seinen Ausgang nimmt, warum es ein so mächtiges Zeitdispositiv ist.

Einen ersten Hinweis darauf kann die metaphorische Bedeutung des Wortes »Zukunft« liefern. Betrachtet man den Begriff, wird deutlich, dass Zukunft offensichtlich die Bewegung des Zukommens impliziert. Etwas kommt auf uns zu, das erwartet werden kann. Ganz in diesem Sinne meinen die Menschen im 17. und noch im 18. Jahrhundert, wenn sie von Zukunft sprechen, dieses Zukommen als Ankunft von etwas, beispielswiese die Ankunft eines Verwandten, der hinzukommt, oder die Zukunft eines Freundes in einer Stadt.[41] Es zeigt sich bereits, dass sich diese Bedeutung von unserem heutigen Gebrauch des Wortes unterscheidet. Natürlich gibt es auch den Blick auf das Morgen und Übermorgen, eben auf das Zukünftige. Aber nach dem damaligen Verständnis ist dieses Zukünftige nicht Zeichen der Unsicherheit und Unvorhersehbarkeit. Im Gegenteil: Die Zeit wiederholt sich. Zukünftiges ist zumeist an einzelne Ereignisse oder Situationen geknüpft, auf dic sich die Vorsorge und das Nächste beziehen, eben auf die konkrete Lebenswelt: Künftig rechne man mit Unwetter und werde die Ernte früher einfahren. Künftig werde man kein Geld verleihen. Es gibt schlichtweg viele Zeiten – die der Natur, der Kirche, der Jagd, der Ernte, der Städte, des Rechts usw. – und darum auch viele Zukünfte. Zukünftiges ist auf die Vielfalt der Verhältnisse bezogen, gilt vorrangig als Vorherbestimmung und hat eine Bindung zum Verständnis des Gegenwärtigen. Das Zukünftige ist vor dem 18. Jahrhundert also eine Rücksicht auf das Gegenwärtige. Als etwas zeitlich entfernt Liegendes, das sich von der Vergangenheit und der Gegenwart unterscheidet, verweist die Zukunft nicht zuletzt auf eine Ankunft spezieller Art, nämlich die Zukunft des Herrn am Jüngsten Tag. Am Jüngsten Tag ist die »Zukunft Christi«.

Die Moderne gilt als eine Zeit, in der viele Begriffe eine Umschrift erfahren, dies lässt sich auch für den Begriff der »Zukunft« aufzeigen. Dabei macht sich gerade das neue Verständnis an dem veränderten Bezug zur christlichen Ausdeutung fest. Für das Zeitalter der Aufklärung ist eine Ankunft Christi als eine außerweltliche Zukunft am Jüngsten Tag keine zwingend plausible Form der Sinngebung für die eigene Lebenszeit mehr. Das hängt mit vielen Momenten zusammen, vor allem mit der sogenannten Säkularisation, einer Verweltlichung der Deutungsmuster von Mensch und Welt. Einen Ausdruck findet sie insbesondere ab dem 18. Jahrhundert in der Theodizee, die zunehmend zum Diskursgegenstand wird. Wie kann ein Gott, der nur gut sein soll, das Übel in der Welt erschaffen haben und zulassen? Gerade als im Jahre 1755 die Erde in Lissabon bebt und die Stadt zerstört wird, brechen in Europa die Fragen nach dem Grund des Unheils, nach der Rolle Gottes, nach logischen Deutungen von Mensch, Schöpfung und Lebenszeit auf; wobei die Erdbebenkatastrophe nur einen Anlass des Disputs darstellt, ist doch die Zeit des aufklärerischen Gedankengutes längst eingeläutet.

Die Theodizee, als eine Frage nach dem Sinn von Lebenszeit und Weltzeit, findet säkulare Antworten. Kompensatorisch an die Stelle einer außerweltlichen Zukunft des Herrn am Jüngsten Tag tritt eine *innerweltliche Zukunft*. Das außerweltliche Ziel des Reiches Gottes, das unzeitlich gedacht ist – es liegt einzig in der Verfügung Gottes, wann der Jüngste Tag kommt –, wird zum Bestandteil einer innerweltlichen Deutung. Darin muss dieses Ziel zwangsläufig zeitlich werden. Die Zukunft ist von nun an eine innerweltliche und eine verzeitlichte Angelegenheit. Die Eschatologie weicht dem Fortschritt in die Zukunft. Das heißt aber zugleich, dass das Heilsgeschehen des Jüngsten Tages und der »ewige Friede« in die Welt kommen, und zwar mitten in sie. Zudem verstärkt sich die Linearität. Die lineare Zeitstruktur wird bereits im Zuge der christlichen Eschatologie, der Endzeitvorstellung, wirksam. Die Eschatologie kennt, das ist ihr Wesen, ein Ende, sodass die Weltzeit gleichsam durch den Schöpfungsglauben in der Dynamik von Heilsversprechen und Endzeit zusammengehalten wird. Gott offenbart sich jüdisch-christlich in der Zeit als Akteur; Zeit erhält Sinn, der im Judentum auf das Zukünftige gerichtet, im Christentum durch die Menschwerdung Gottes vollzogen ist. Diesen kulturell-religiösen Zusammenhang löst die säkularisierte, rationalisierte Zeiteinteilung in ihrer linearen Gestaltung auf. Was vordem als Ewigkeit unzeitlich gedacht ist, wird verzeitlicht zur Unendlichkeit.

Doch wie muss man sich eine verzeitlichte, innerweltliche Zukunft, ein innerweltliches Heil vorstellen? Die Temporalmetapher, die diesen neuen und mitunter spannungsreichen Gedanken verständlich macht, ist die des Fortschreitens in der Zeit, ist die des *Fortschritts*. Die Bewegung des Zukommens und Ankommens wird gewendet, der Mensch schreitet in der Zeit in die Zukunft fort, und aus den vielen Zukünften und Ereignissen wird der »Kollektivsingular«[42] der *einen* Zukunft. Nicht mehr nur das Zukünftige muss bedacht sein, sondern die Zukunft als ein eigener Zeitraum, der letztlich keinen Anfang und kein Ende kennt und alles enthalten kann – auch Varianten des Fegefeuers als Märkte der Sicherheitsbedürfnisse. Eine Fortsetzung der Ablässe mit anderen Mitteln. Anders gewendet: Der Fortschritt ist eine alles vereinende Zeitgestalt, eine Entpluralisierungsmetapher.

Nun stellt sich die Frage, wie sich durch diesen Bedeutungswandel die Sicht auf Lebenszeit und Weltzeit verändert. In einer für unseren Zusammenhang aufschlussreichen Abhandlung mit dem Titel *Idee zu einer allgemeinen Geschichte in weltbürgerlicher Absicht* aus dem Jahre 1784 spiegelt Kant implizit den Geist seiner Zeit wider und eröffnet das Verständnis einer Zeiterfahrung, die seit dem 18. Jahrhundert im Grunde geringfügig modifiziert bis heute wirksam ist. Er legt in seiner Schrift nahe, dass das menschliche Geschlecht unaufhörlich fortschreite. Das

Ziel des Fortschritts sieht er in einem Rechtszustand des »ewigen Friedens«. Bemerkenswerterweise ist es aber nicht etwa der Mensch – wie man zunächst annehmen könnte – der diesen Fortschritt, diese innerweltliche Zukunft verbürgt. Vielmehr ist es die weise Vorsehung der Natur, die alles so eingerichtet hat, dass dieser Fortschritt zum Besseren gelingt. Der Mensch hat sich also streng genommen weder um die Zukunft noch um den Fortschritt zu sorgen. Das Fortschreiten in der Zeit hat eine eigene Logik des Immerbesserwerdens. Mit der Zeit wird der Fortschritt schließlich als möglich gedacht. Die Zeit verändert.

Ist der Mensch damit auf die passive Rolle reduziert? Sofern der Fortschritt der Zeit gleichsam ein Automatismus ist, bleibt dem Menschen wenig zu tun. Dermaßen marginalisiert steht er jedoch nicht da. Denn die Aufgabe des Menschen ist gerade die *Beschleunigung* dieses Fortschritts. Der Mensch macht zwar nicht den Fortschritt der Zeit, wohl aber ihre Geschwindigkeit.[43] Jede Generation arbeitet für die Zukunft.

Kant weist darauf hin, dass beim Gang des Fortschritts der Eindruck von Ungerechtigkeit entstehen kann, weil die früheren Generationen eine ihnen unbekannte Entwicklung vorantreiben, von der sie selbst keinen Nutzen haben werden. Gleichwohl wird die scheinbare Ungerechtigkeit über das bestimmende Bewusstsein, am Fortschritt mitzuarbeiten, sekundär. Die Lebenszeit dient dem Fortschritt: Der Mensch hat es gewissermaßen in der Hand, ob er schneller zu erreichen ist – und das spornt an. Vielleicht kann er selbst schon – daher gelegentlich die große Eile – an besseren Zuständen partizipieren. Für diesen Ausblick setzt er sein Leben ein, denn das ist für Kant *Lebensfrist*. Die Vorstellung von Zeit und Zukunft, die damit zentral wird, liegt auf der Hand: Die Zeit, die noch kommt, ist die potenziell bessere. Natürlich gibt es gelegentlich Rückschläge, aber im Großen gerechnet, werden auch diese linear in eine bessere Zeit überführt.

Die Zeit driftet mit der linearen Zeitstruktur des Fortschritts ins Unendliche. Alles ist im Wandel, keine Wiederholungen, der Blick geht nach vorne – und zwar sukzessive für jeden Einzelnen. Während das im 18. Jahrhundert aufkommende Verständnis des Fortschritts als Zukunft zunächst auf den Menschen als Gattungswesen bezogen ist, verlagert sich im 19. und 20. Jahrhundert der Fokus über anhaltende Individualisierungsprozesse. Die vormals gattungsspezifischen Heilsgeschichten werden jetzt an die endlich befristete Lebenszeit des Individuums gekoppelt. Kurz gesagt: Die Sinngestalt der einstmalig kosmologischen Schöpfungsgeschichte wird zunächst auf das Maß der Gattung und schließlich auf das des einzelnen Lebens gebracht. Und dies steht ganz im Zeichen des motivierten Strebens. Wenn das Ziel erst einmal feststeht, muss losgelegt werden. Ziele sind der Zeitgewinn, das Tempo, der Fortschritt selbst.

Natürlich frönen wir heute nicht einem blinden Fortschrittsoptimismus, aber, und das ist das Entscheidende, wir dienen der gleichen Zeitsemantik des Irreversiblen, Unendlichen, der gleichen Zeit des Linearen. Die Zukunft folgt der geheimen Logik des Fortschritts, darin ist sie innerweltliches Heilsversprechen. Im Jargon der Märkte sind Heil und Fortschritt schließlich eines: *permanentes Wachstum*. Die Ökonomie wird zu dem, was sie von Beginn an zu sein vorgibt: Religion. Selbst die gegenwärtig so beliebte Formel der Nachhaltigkeit verrät das Kalkül und den Gedanken des Fortschritts. Dieser kennt keinen Abschluss mehr, keine Wiederholungen, keine Unterbrechungen, keine Verzögerungen. Der Zug hat keine Bremsvorrichtung. Eine derartige Zeitgestalt umgreift, das zeigt auch die Analogie zur Eisenbahn, Linearität und Beschleunigungsrationalität in einem – mit Reinheitsgebot.

Es sind das Immernochschneller und -besser, die sich in das individuelle Leben bis heute als Bearbeitung und Rationalisierung der Zeit verästeln. Der Fortschritt in die Zukunft, die Beschleunigung der Zeit offenbaren sich als ihr eigenster Zweck. Es gibt keine Orientierung, wir sind der Permanenz ausgeliefert, die Zukunft wird das schlechthin Offene – die Anpassung zur evolutionären Bildungsleistung. Das Ende gerät dem Menschen als Produkt des Fortschritts aus dem Blick – die Zeit des

Fortschritts kennt kein Ende. Als rationale Größe bleibt sie zudem inhaltsleer und enthält alle Möglichkeiten. Ist es nicht merkwürdig, dass gerade in unserer Zeit keine ernsthafte Endzeitstimmung aufkommt, obwohl wir allen Grund dazu hätten, einmal über das Ende der Wachstumsversprechungen nachzudenken? »Die Fähigkeit, uns auf ein ›Ende‹ einzustellen, ist uns durch den generationenlangen Glauben an den angeblich automatischen Aufstieg der Geschichte genommen worden. Selbst denjenigen unter uns, die an Fortschritt schon nicht mehr glauben. Denn unsere Zeit-Attitüde, namentlich unsere Einstellung auf Zukunft, die vom Fortschrittsglauben geformt worden [ist], hat diese ihre Formung noch nicht verloren: wir *sind* noch, was wir gestern geglaubt hatten [...] Vermutlich wäre keine Generation vor dem 18. Jahrhundert, also vor dem Triumphzug der Fortschrittstheorien, auf die Angst-Aufgabe, mit der wir konfrontiert sind, so schlecht vorbereitet gewesen, wie wir es heute sind. Denn für den Fortschrittsgläubigen [ist] die Geschichte a priori *Ende-los*, da er in ihr ein fröhliches Verhängnis [sieht], einen unbeirrbar und unaufhaltsam vorwärtsgehenden Prozeß des immer-besser-Werdens. Sein Unendlichkeitsbegriff [ist] das Kind des Komparativs und der Zuversicht.«[44]

Der Fortschritt kennt nur noch eine kalkulierte Zeit der zeitlichen Abfolge; ein Schritt folgt dem anderen. Die Zeit wird zu einer quantitativ unendlichen Größe, die alles zu erreichen vermag. Weil sie aber einerseits eng bemessen und andererseits nahezu allmächtig ist, bedarf sie aus der Sicht des Menschen offensichtlich eines Zeitmanagements, welches das Ziel verfolgt, sie um jeden Preis effektiv auszunutzen und mehr von ihr zu gewinnen. So entwickelt sich die Zeit allmählich zu einer Regierungsform des Menschen, indem er in ihr einen Daseinssinn sieht, der sich in ihrer Vermehrung erfüllt. Zeitverbrauch erscheint lenkbar und regierungsfähig. Die eigene Lebensgestaltung bindet sich an Formen des Umgangs mit Zeit, die zugleich die vielen unterschiedlichen Möglichkeiten, sein Leben zu führen, kontrolliert, um die *eine* gewünschte Lebensführung aus ihnen zu machen. Welche Konsequenzen für unser Verständnis von Lebenszeit sind damit verbunden? Und welche Effekte sind herauszustellen, die wesentlich unsere gegenwärtige Zeitwahrnehmung und -gestaltung betreffen?

Die Lage ist komplex, Motive schieben sich ineinander, befördern und potenzieren sich. Gehen wird deswegen zum Ausgangspunkt, denn dieser steht unbeschönigt da: Die Differenz von endlicher Lebenszeit und unendlicher Weltzeit markiert das radikale Missverhältnis zwischen den endlichen Möglichkeiten eines einzigen individuellen Lebens und den prinzipiell unendlichen Möglichkeiten einer als offen vorgestellten Zukunft. Besonders der weite Horizont der Zukunft[45] negiert den Blick zurück. Über diesen Prozess begründet sich die Annahme, dass die eigene Zeit immer schon veraltet ist, dass sich mit der fortlaufenden Zeit »Geschichte« ereignet, dass Erfahrungen Zeit kosten, die unter dem Gesichtspunkt einer Rationalität der Zeit nur schwer zu rechtfertigen sind. Lebenszeit als Lebensfrist klagt ein; es gilt, so viel »Welt« wie möglich in sie hineinzuholen: bloß nichts verpassen. Als endliche Wesen, die im Grunde nur wenig gleichzeitig tun können, müssen wir versuchen, schneller zu leben, alles mitzunehmen. Das Leben ist endlich, danach kommt für uns nichts, nur das Leben anderer. Unsere Handlungsoptionen sind an die Lebenszeit gebunden, unsere Vorstellungen wie auch unsere Bedürfnisse, Sehnsüchte, Erwartungen indes grenzenlos. Die Lebenskürze radikalisiert die Eile, die jedem Moment anhaftet. Lebenszeit wird nunmehr in ihrer Knappheit gesehen; der daraus resultierende Zeitdruck steuert unser Denken und Handeln, entzieht uns Zeit.

Menschliche Lebenszeit ist ein Durchgangsstadium, jeder Augenblick ist per se immer schon obsolet, zumindest ist jeder Zeitpunkt und mit ihm gleichsam ein Stück Lebenssinn unwiederbringlich verloren. Die Zeit nach der eigenen wird eine bessere und vollkommenere sein. Somit ist die individuelle gegenwärtige Zeit defizitär. Die gänzlich offene Zukunft marginalisiert die Lebensfrist, sodass die Frage nach dem Daseinssinn verschärft entsteht. Was soll dieses Leben? Die Lebenszeit leidet unter einem Sinndefizit, das nach Kompensation trachtet. Aber wie lässt sich Sinn kompensieren, wenn ja nur die befristete Lebenszeit zur Verfügung steht? Sie allein muss den Sinn tragen, sie muss das Heil verbürgen. Und weil das Mittel zum Zweck mutiert, weil Zeit selbst der Fortschritt ist, wird der Zeitgewinn zum *Sinnsurrogat*; er ist menschliche Sinndefizitkompensation. In dieser Fortschrittskultur haftet unser Blick nicht mehr an den großen Fragen des Lebenssinns, die kleinen Fragen müssen ausreichen. Die Lebenszeit wird eingebettet in einen Deutungshorizont, der keine Idee des Kosmos oder der Ewigkeit mehr braucht. Die quantifizierte Zeit ist asymbolisch, sie löst sich von den Zyklen der Natur, verabschiedet sich von den Fixsternen. Indes fehlt ihr die Orientierung. Und weil wir nicht wissen, wohin wir gehen müssen, in welche Richtung unser Weg führt, laufen wir – sinnneurotisch, wie wir sind – schneller. Die Beschleunigung als Lebenssinn. Beschleunigungsprozesse ersetzen das fehlende Ziel, sind Ausdruck eines Verlustes von Zeit, die selbst Bedeutung hat.

Zeitgewinn ist von nun an der unumstrittene Kern des Lebenszeitregimes. Zeitgewinn und die Ausnutzung der Zeit sind unser Lebenszweck. Deswegen kommen wir zu keinem Ende, weil das Ende in unserem Zeitverständnis nicht mehr vorgesehen ist. Der stete Wandel wird zum selbstverständlichen Konstitutiv und in der Objektivierung zur nicht hinterfragten Wirklichkeit. Die Folgen sind offensichtlich: Die Bedeutungssteigerung einer Lebenszeit als alleinige Sinngebungsquelle fordert eine lückenlose Lebensführung, die Leerzeiten als Verschwendung diffamiert. In der ökonomischen Entzifferung unserer selbst müssen wir auf das Gegenwärtige verzichten und damit letztlich auch auf uns. Erfahrungen werden zu kostspieligen »Zeiträubern«. – Der Verzicht auf Welt, Gegenwart und Erfahrung führt im Zeitgewinn zum *Selbstverlust*. Erst durch den Verzicht auf gegenwärtiges Erleben können Prozesse unter dem Lebenszeitregime des Zeitgewinns beschleunigt werden. Das ist das Paradox: An einem Heil zu hängen, weil wir uns nicht vorstellen können, nicht daran zu hängen. Unser Geführtsein zeigt sich darin, dass wir uns selbst nicht mehr erwägen. Und doch: Wir fühlen uns nicht mehr wohl in unserer Haut, sind uns in unserer Erwartung voraus, die das Gegenwärtige in seinem defizitären Charakter potenziert. Dies ist das Kernproblem unserer Zeit: »Wir werfen weiter, als wir Kurzsichtige sehen können.«[46] Zunächst suggerieren Beschleunigungen unter dem Mantel des Zeitgewinns als kleine Eroberungen ein erfülltes Leben, sie führen aber als große Abdankung zum Unbehagen. Ein von der Kontrollgesellschaft in Gang gehaltener Teufelskreis aus Lebensfrist, Beschleunigung, Zeitdruck und Sinnentzug mit dem Sinnersatz durch den Mythos vom Zeitgewinn und der Beschleunigung. Unsere Aufmerksamkeit ist wunschgemäß auf die heilsversprechende Zukunft gerichtet und gilt dem Markt der *Sinnofferten* für die Lebenszeit.

Die *eine* Lebensfrist radikalisiert sich in den Taktungen der Fristen. Der Mensch, der eigentlich stets zu spät kommt, versucht jetzt Herrscher zu werden, indem er der Zeit selbst vorauseilt. Ein Gehorsam besonderer Art. Daher beschleunigt er den Wandel. Das Maß dieser Beschleunigung ist die Geschwindigkeit von Alterungsvorgängen. Beschleunigung zeigt sich als eine Aufmerksamkeitspraktik auf das Innovative. Der Mensch lebt seine Lebenszeit in der Permanenz der Erwartung von Neuem, wodurch sich das Alte, nicht mehr Zeitgemäße, gefälligst zu legitimieren hat. Das Neue wird Signum einer Askese, die das Verbot und den Verzicht auf das Alte, das Gewesene und die Wiederholung enthält. Die »Valorisierung des Neuen ist in Wahrheit ein Verbot, das Alte zu tun. Ausdruck der genuinen menschlichen Freiheit wäre die Möglichkeit, sowohl das Alte als auch das Neue zu tun. Diese Möglichkeit gibt es in der Moderne nicht. Stattdessen wird der moderne Mensch ständig mit mannigfaltigen und vielschichtigen Verboten konfrontiert, die durch die Ideologie der Innovation begründet sind. Erstens ist verboten, alles das zu tun, was früher war. Zweitens verbietet die Innovation sich selbst, denn sobald etwas schon gedacht oder gemacht ist, ist es nicht mehr neu und darf deswegen auch nicht wiederholt werden.«[47] Als Ausdruck der Innovationsrate bestimmt sich die Beschleunigung durch die Formel »Menge der

Neuerungen pro Zeiteinheit«. In einer Gesellschaft, die ihre Aufmerksamkeit auf das Neue richtet, schrumpft, so Lübbe, die Gegenwart als ein verlässliches und vertrautes Präsenzfeld zusammen.[48] »Der Begriff der Gegenwartsschrumpfung konzeptualisiert den Vorgang fortschreitender Verkürzung der Extension des Zeitraums, für den wir in einer dynamischen Zivilisation mit einigermaßen konstanten Lebensbedingungen rechnen können.«[49] Immer schneller veralten die Dinge, die die vermeintliche Gegenwart prägen. Je rascher der Wandel, desto forcierter ist dieser Prozess. Er erstreckt sich auf Zeit und Umwelt in einem. In der Denkmalpflege geht man davon aus, dass sich etwa 2–3 % der Lebenswelt des Menschen pro Jahr ändern dürfen, ohne dass er sich in seiner Umgebung unwohl fühlt.[50] Gerade wegen der Rasanz der Veränderung brauchen wir eine bekannte Ästhetik, Vertrautheiten und Verlässlichkeiten, in denen wir uns einrichten.

Die Märkte leben vom Neuen, vom Müll des Alten. Wir sind Sklaven und Knechte solcher Märkte. Auch hier wird das Tempo gesteigert: Was heute den Glanz des Neuen hat und als Innovation gefeiert wird, trägt morgen die Patina des Hinfälligen, gehört bereits zu den Auslaufmodellen. Anders formuliert: Indem sich der moderne Temporalhabitus auf das Neue richtet, demontiert er das Alte, und das soll auch so sein. Das Neue ist per se das Bessere, Schnellere und Schönere, und wir füllen unsere Regale mit den Votivgaben des Fortschritts. Die Erwartung von Neuem wird im gleichen Zug zum Signum der sinnstiftenden Zukunft. Wir hängen an der Fiktion von Prognosen und Statistiken. Das Nächste bitte. Damit geht ein bemerkenswerter ethischer Befund einher: Das Neue als das jeweils Gegenwärtige entbehrt in der Innovationsratensteigerung seinen obligatorischen Charakter, denn mit der Neuerungsrate nimmt genauso die Entpflichtung zu. Alles verliert an Bedeutung und Gehalt, wird inflationär. Was stört uns das Geschwätz von gestern? Verpflichtungen sind Zeitfiguren, die Vergangenes gegenwärtig halten. Damit wird Zeit nicht zuletzt ethisch indifferent. Sie löst sich von der Frage ihrer rechten Gestaltung, des Eingebundenseins in Naturprozesse und der Dauer als Zeitform der Verantwortung. Ein Nebeneffekt ist die Entmenschlichung der Welt, der Märkte und der Beziehungen – wir sind alle Freunde – nicht mit dem Ziel der qualitativen Pflege, sondern der quantitativen Vermehrung: Wir sind Facebook.

Beschleunigungen müssen Ballast abwerfen: Alte, Langsame, Kranke, Behinderte, Traditionen, Üblichkeiten, Herkünfte und eben Verbindlichkeiten. Die Frage Friedrich Daniel Ernst Schleiermachers zu Beginn des 19. Jahrhunderts, was denn die alte mit der neuen Generation wolle, verschiebt sich zunehmend zu der Frage, was die neue Generation mit der alten noch anfangen soll. Anders: Beschleunigung ist auch eine Funktion der Leichtigkeit und gelegentlich der Windschnittigkeit: Glatt muss die Oberfläche sein, nicht rau und widerständig. Doch »Zukunft braucht Herkunft«.[51] Nur, wer um das Alte weiß, kann das Neue erkennen. – »Die moderne Welt beschleunigt das menschliche Innovationstempo vor allem, indem sie Traditionen neutralisiert: denn nur traditionsneutral kann die Wissenschaft, kann die Technik, kann die Wirtschaft, kann die soziale Welt, kann der Fortschritt immer schneller, immer universeller werden.«[52] Herkünfte werden liquidiert, der Mensch hat ein Leben lang Bereitschaftsdienst. Anpassen an das Neue, heißt unbefragt zu sollen. Dabei bleibt alles ohnehin beim Alten – aber gerade das muss die Logik der Kontrollgesellschaft verschleiern, sonst gibt es nichts zu kontrollieren. Selbstverzicht als Verzicht auf das Alte, das wir sind, Selbstentzifferung auf das Neue hin, das wir werden sollen. Wir müssen auf der Höhe der Zeit sein, modern, auf dem neuesten Stand.

Sanduhr

Kapitel 5

Der Zeitensammler

In einer permanent beschleunigten Welt kann der Mensch nicht leben, wenigstens nicht unbeschadet. Der Mensch muss Schonräume der Langsamkeit erschaffen, er muss seine Zeit verzögern, sie sammeln und *sich* sammeln, bei sich verweilen. Er ist ein Zeitensammler und darin opponierend gegen eine Abschaffung der Zeit. Als endliches Wesen definiert er sich wesentlich über die Herkunft, er ist nicht Herr der Zeiten, muss aber auch nicht ihr Knecht werden. Seine Lebenszeit ist von ihm zusammengetragene Zeit, zudem Zeit, die andere vor ihm und mit ihm gesammelt haben. In der Sammlung *musealisiert* er seine Lebenszeit. Die Musealisierung ist eine Tätigkeit der Zeit selbst und unterliegt einer eigenen Logik. Wir sammeln chaotisch, aber nicht zufällig. Wir bewahren Zeit, die uns etwas bedeutet, weil sie in die Sammlung unseres Lebens gehört, für die wir gelegentlich auch den Begriff des Sinns verwenden. Der Sinn kann nicht allein in der Beschleunigung liegen, es sei denn, wir wollen uns gänzlich verlieren. Unsere Sammlung von Bedeutungen, Bildern, Ereignissen, Verwunderungen, Verletzungen ist Zeichen unserer *gelebten* Zeit. Eine Musealisierung der Lebenszeit beansprucht die Hinwendung zur Frage nach der Relevanz dieser Zeit. Je schneller wir leben, desto mehr sind wir darauf angewiesen, uns und unsere Zeit festzuhalten, sie zu bewahren, um uns zu halten, zu erden, unserem Leben rückwärtig Sinn zu verleihen. Das Zeitensammeln trägt also den Index des Lebenserhalts.

Einer Abschaffung der Zeit durch die Vermessung, Beschleunigung, Verplanung und Kontrolle steht anachronistisch ihre Sammlung, Bewahrung und Inszenierung gegenüber. Praktiken der Musealisierung sind ein Reflex auf Abschaffungstendenzen, denn in der Sammlung entstehen Fixpunkte, biografische oder historische Konstellationen, die vorübergehend Orientierung und Zeiterstreckung erlauben. Mit anderen Worten: Der Begriff der Musealisierung antwortet auf die menschliche Endlichkeit. Nur wer endlich ist, sammelt. In der Musealisierung gewinnt die Zeit ihre Bedeutung für den Menschen zurück. Da der Mensch seine Zeit immer nur im Augenblick ihrer Auflösung hat, ist die Musealisierung seiner Lebenszeit geradezu ein notwendiges Verfahren. Als eine ästhetische Praxis ist sie eine rekursive Struktur und widerständig.

Musealisierungspraktiken haben die Funktion, einen Raum zu schaffen, der lineare Zeitgestalten unterbricht und gelebte Zeiten konserviert. Sie tragen infolgedessen zur Erfindung des *Museums* als Ort der Un-Endlichkeit, des sammelnden Bewahrens bei. Museen sind der kosmologische Ernstfall menschlicher Zeitlichkeit und auf den *ersten* Blick als eine Reaktion auf Beschleunigungstendenzen der Moderne zu deuten. Auf den *zweiten* Blick sind sie kulturelle Institutionen, in denen sich Praktiken der Verzögerung von Zeit, Formationen von Subjektivität sowie endliche Ewigkeiten finden. Das Museum bildet mithin einen Kosmos, der sich vom Widerstreit und allzu menschlich von der Kontingenz herleitet.

Sinnfällig sind die Konjunkturen von Museumsgründungen. Die Zahl der Museen nimmt drastisch zu. Inzwischen – als Symptom der Selbsthistorisierung – ist kaum ein Lebens- und Kulturbereich nicht musealisiert: Technische Museen stellen beispielsweise Landmaschinen, Computer, Fahrräder und Firmengeschichten aus, gegründet werden Uhren-, Schokoladen-, Schnarch- oder gar Bratwurstmuseen, Museen für alte und neue Künste bis hin zum Schimmelmuseum, in dem die Vergänglichkeit des Musealen selbst thematisch wird. Allein in Deutschland dürften etwa 6500 Museen und Ausstellungshäuser mit jährlich bis zu 110 Millionen Besuchern existieren. Die Museen präsentieren dabei längst nicht mehr nur Vergangenes, sondern auch Gegenwärtiges, wie das Beispiel des Museums der Dinge in Berlin zeigt. Die Fristen werden kürzer.

Die Grundlegung der Institution Museum im heutigen Sinne erfolgt im 18. Jahrhundert. Mit dem Aufkommen der Anthropologie und Ästhetik als eigene Disziplinen, mit einem Bewusstsein der Aufklärung und ihrer Geschichtlichkeit wird das Museum zur säkular-religiösen Kultstätte der Entmarginalisierung der Lebenszeit. Ohne Zweifel spielt die Französische Revolution bei der Frage nach den Entstehungsanlässen eine große

Rolle. Museen dienen als Schutz der kulturellen Zeugnisse des Ancien Régime. Indessen verkennt man ihre Bedeutung, wenn sie nicht als ästhetische Kraft des Sammelns begriffen werden. Das Museum ist die Sammlung par excellence. »Wir sind, was wir sammeln.«[53] Es ist der Zusammenfall von »Sammeln und gesammelt werden«.[54] In den Hallen der Musentempel erinnert sich der Mensch an einen vielfältigen Verlust. Es ist der Verlust seiner Zeit und der belebten Dinge. Dadurch wird das Museum zum Ort, in dem der Mensch mit der verlorenen Zeit und der verschwundenen Materialität ein Wiedersehen feiert. Die ihrer Funktion enthobenen Dinge und der in der Beschleunigung verfangene Mensch finden im Museum ihre Entsprechung. In der Sammlung erfahren wir die Weite der Zeiten. Es entstehen eigene Zeitformen von Vergangenheit und Gegenwart, Nähe und Ferne. Die Musealisierung ist *in toto* eine Sammlung und Versammlung von Zeit.

Aufschlussreich für das Verständnis der Musealisierung ist es daher, das Typische der Zeitgestalt zu bedenken. Die Musealisierung ist eine Art platonischer Wiedererinnerung *(anamnesis)* und in der Linearität in keiner Weise zu fassen. Sie ist vielmehr das Außerkraftsetzen dieser Struktur und ähnelt der des Festes[55], weil sie auf eine ihr immanente Rhythmik verweist, die in der Wiederholung des eigentlich nicht Wiederholbaren besteht. Der Unwiederholbarkeit zum Trotz ereignet sich etwas in der Gegenwart noch einmal. Kennzeichnend ist ein Zweiklang von Einst und Jetzt, in dem das Fremde und Andere mit dem Eigenen verwoben ist, eine Zwischenzeit als Spiel mit Identität und Differenz. Das Fest wiederholt Vergangenes als Gegenwart und hat eine »Eigenzeit«[56], die sich aus der Wiederholung speist.

Die Analogie zum Fest verdeutlicht gleichzeitig, dass die Musealisierung eine Zeit im Medium des Sozialen ist. Das Fest stiftet Gemeinsamkeit, darin Orientierung, es ist als Inszenierung immer Ausdruck der Sozialität. Feste werden begangen, indem wir uns auf das Fest hin versammeln. Das Fest ist, indem es gefeiert wird. »Es ist eine Kunst, zu feiern.«[57] Diese

Begehung absentiert die Vorstellung eines Zieles, das Fest ist in der Dauer des Begehens da. »Das ist das Feiern. Der berechnende, disziplinierende Charakter, in dem man sonst über seine Zeit verfügt, wird im Feiern sozusagen zum Stillstand gebracht.«[58] Ein derartiges Begehen ist nicht in einzelne Zeitpunkte zu zergliedern, vielmehr geht es darum, dass wir in der Musealisierung eine spezifische Weise des Verweilens lernen. Ein Verweilen bei der Gleichzeitigkeit von Vergangenem und Gegenwärtigem. Das macht das Museum und mit ihm das Zeitensammeln zum *heterochronos*.

Keineswegs soll der Gedanke der Musealisierung von der Erfindung des Museums gelöst werden; wichtig ist allerdings, dass das Museum selbst ein Effekt einer ästhetischen Praxis der Musealisierung ist und lediglich ihren Sinn sichtbar macht, ja ausstellt. Damit haben Museen eine Bedeutung, die über die Bewahrung und das Ausstellen von historischen Gegenständen und Kunstwerken hinausgeht. Die bis heute anhaltende Konjunktur der Museen, sowohl was ihre Gründung als auch ihre Besucherzahlen angeht, steht also im Kontext des übergreifenden Bedürfnisses nach Musealisierung der eigenen Lebenszeit, nach Formen der Entschleunigung, nach Rekursivität, nach Transzendenz, nach dem Sammeln seiner selbst.

Der Begriff der Musealisierung bündelt *in nuce* eine ganze Reihe von Vollzugsarten des Sammelns, Ausstellens und Inszenierens. Diese Praktiken erhalten in der Institution des Museums zwar eine reflexive Radikalisierung, der Mensch hat jedoch *seit jeher* seine Lebenszeit musealisiert, da sie unter einem Sinndefizit leidet und stets nur als vergangene präsent ist. Anders: Die Musealisierung ist von Beginn an mit der menschlichen Endlichkeit und dem Umgang mit ihr verwoben. Daher waren und sind auch die Formen der Musealisierung vielfältig: Die Aufbewahrung der Toten als Kult, Bestattungsrituale oder auch die Reliquienverehrungen sind bekannte ritualisierte religiöse Formen. Musealisierung beginnt nach Pomian[59] mit dem Grabkult und ist eine Verbindung zwischen der sichtbaren und der unsichtbaren Welt. Dadurch werden die Dinge zu Bedeutungsträgern, die über die Endlichkeit hinausweisen sollen. Mit den sakralen Gegenständen, den Domschätzen werden Votiv- und Weihegaben, liturgische Geräte, Gewänder zum dinglichen Garant für die Wirksamkeit des Glaubens und die Präsenz des Göttlichen. Die religiöse Praxis dient der menschlichen Selbstverortung. Der Mensch schafft sich in der Religion einen Ort der Distanz, der über Sammlungsprozesse gestützt wird. Insgesamt sind religiöse Praktiken nichts anderes als Musealisierungsformen, hinter denen der Wunsch nach Überschreitung menschlicher Endlichkeit steht, die Teilhabe an der Ewigkeit eines Gottes, der eines nicht hat: ein Leben im Angesicht der Sterblichkeit. Der Mensch muss in Glaubensformen, in der Verehrung und Sammlung sakraler Gegenstände das Faktum der Endlichkeit verarbeiten. Museen führen dies säkularisiert fort.

Die Musealisierung der Lebenszeit, in welcher Weise auch immer, ist ein *memento mori*, verbunden mit der Hoffnung auf eine Dauer, die sich an die symbolische Welt der Dinge und Rituale haftet. Da Musealisierungen Zeit versammeln, sind sie so bedeutsam – das macht sie aber auch anachronistisch. Sie schreiben das Gelebte der Gegenwart ein. Eine wahrhaft künstlerische Form der Musealisierung angesichts der Endlichkeit – gleichsam als Sammlung einer individualisierten Zeit – nimmt ihren Anfang in der *Porträtmalerei* der Renaissance. Sie veranschaulicht, wie eng diese Kunstform an die Lebenszeit gebunden ist. Sicherlich geht es in der Hochkonjunktur des Porträts ab dem 14. Jahrhundert um Anerkennung, darum, seinen sozialen Stand zu markieren oder schlichtweg um Repräsentation. Doch im Hintergrund steht der Wunsch, seinem Leben durch die Selbstinszenierung Dauer zu verleihen: die Zeit über den Tod hinaus zu bewahren. Zudem ist die Porträtmalerei, die aus dem Totenkult entsteht, ein Modus des Eingedenkens der Lebensfrist. Dazu gehört, dass man im 14. und 15. Jahrhundert auf die Rückseite der Bilder gelegentlich Totenköpfe malt – Leben und Vergänglichkeit als große Themen der Kunst. Nicht selten haften dem Porträt sogar sakrale Strukturen an, wie sie beispielsweise in Albrecht Dürers »Selbstbildnis im Pelzrock«

aus dem Jahre 1500 aufscheinen. Er sammelt sich unter der Zeit-Gestalt Christi und ruft ins Gedächtnis, dass allein in der Kunst die Gleichzeitigkeit von Endlichkeit und Ewigkeit, von Materialität und Transzendenz möglich ist.

Neben der Porträtmalerei kann auch die *Biografie* als eine Praxis der Musealisierung verstanden werden, insbesondere die Autobiografie, die in dem Schreiben von Tagebüchern und der Bekenntnisliteratur seit Augustinus Vorläufer findet. Die Autobiografie ist die Sammlung von Lebenszeit, um sie zu bewahren, ihr Bedeutung zu verleihen und um eine Kontinuität herzustellen, die das diskontinuierliche Leben nicht vorsieht. Sie erreicht ihren Höhepunkt als neues Genre spätestens im 19. Jahrhundert und ist an die Sinngebungsfrage der Lebenszeit gekoppelt, eine Frage, die sich vormodern nicht stellt. Bis heute hält die Faszination durch die eigene und fremde Lebenszeit an. Inzwischen werden an Volkshochschulen Kurse zum Schreiben von Autobiografien angeboten, zusätzlich gibt es Ratgeber, wie genau eine Autobiografie zu verfassen sei, auf welche Fragen sie zu antworten hat.

Eine nach wie vor verbreitete Form der Lebenszeitpflege sind *Floh- und Antiquitätenmärkte*, die trotz Konjunktur Räume des Zwischen und der Langsamkeit sind. Sie sind Verwirbelungen in die Zeiten, sie erinnern und orientieren in einer eigenen Rhythmik der kontingenten Sammlung. Als scheinbare Trivialformen geben sie das Gefühl, in der Zeit zu sein, ein Hauch von Harmonie mit Verlorenem. Sie schaffen quasi private Museumsdinge,[60] die aus der Zeit enthoben einen Sinnkontext erhalten, der jeweils individuell ausgestaltet wird. Die Lebenszeit begegnet ihrer Kindheit und Jugend. Alltagsutensilien, die an die Vergangenheit erinnern, haben in ihrer fremden und vertrauten Ästhetik bewegenden Charakter. Antiquitäten verbreiten das Gefühl von Beständigkeit in Zeiten des Unbeständigen. Oldtimer und Youngtimer setzen das Bedürfnis fort.

Zu den tradierten Musealisierungsformen gesellen sich ferner gänzlich neue – sie betreten die Bühne der Lebenszeit des 21. Jahrhunderts: So wird zum Beispiel eine medial strukturierte Pflege von Freundschaften zunehmend musealisierungsrelevant. Mittlerweile nutzen 8 Millionen Menschen in Deutschland das biografische Netzwerk »stay friends«. Das Alter der Nutzer liegt im Kern zwischen 30 und 49 Jahren und bedient die Sehnsucht der Bewahrung von Lebenszeit in der *memoria*, in der Erinnerung an und mit Freunden. Die Sicht der anderen auf sich wird zur Vergewisserung und Infragestellung der eigenen Subjektivität. Sie ist das Verständnis des eigenen Alterns. Die Frage, wer man ist und wie man zu dem geworden ist, der man ist, ob man sich verändert hat, kann ohne die anderen Menschen, die das Leben durchqueren und begleiten, nicht beantwortet werden. In der Vergänglichkeit und in den Spuren der »friends« wird die eigene Vergänglichkeit vergewissert und erwogen. Es sind auf Dauer gestellte Klassentreffen und auf den ersten Blick die Fortsetzung der Schulzeit mit anderen Mitteln. Man sucht Abschlüsse, nicht formal, sondern biografisch.

Möglicherweise gehören *Tätowierungen* ebenfalls solchen Praxen der Musealisierung an. Tätowierungen schreiben dem Körper eine Erinnerung ein, wollen Unvergänglichkeit in der Maßeinheit eines endlichen Lebens. Ihr Dauerhaftes ist, wie immer bewertet, nicht von geringer Bedeutung. Man unterschätzt insbesondere solche Trivialformen der Musealisierung. Diese Formen versammeln in sakralähnlicher Weise Menschen im Zwischen von Eigenem und Fremdem und werden Ort der Sinnaushandlung. Sie sind sie allerdings bedingt reflexiver Natur.

Nicht zuletzt werden verachtete Zeitgestalten unter der Sammlungspraxis vorsichtig umbenannt und rehabilitiert. Musealisierungen machen Zeit sichtbar, dazu gehören Langeweile, Muße und Langsamkeit, die sich gegenwärtig unter dem Begriff »Chillen« einer positiven Bedeutungsumschrift erfreuen. Schauen wir uns dieses Phänomen genauer an, unterstreicht es ja gerade den Kontrast zur beschleunigten Welt. Nicht zufällig ist die Langeweile vorwiegend ein Kind des 18. Jahrhunderts. Sie gehört zu den Begriffen, die entstehen, Konjunktur und Kontur bekommen, um sie als Sünde zu denunzieren, daher gehörten sie in den Zusammenhang des Lebenszeitregimes. In der rasanten Welt des Fortschritts hat der Mensch die Langeweile zu scheuen wie der Teufel das Weihwasser. Langeweile darf einfach nicht sein. Wer sich langweilt, weiß nichts mit sich anzufangen. Sie ist nicht gewünscht, gilt, in ihrer Nähe zur mönchischen Trägheit *(acedia)*, als Laster. Dennoch ist die Langeweile dem Menschen quasi von Gott gegeben – nach Kierkegaard ist sie sogar der Grund der Schöpfungstat, Ausdruck von Kreativität – im Anfang war die Langeweile: »Die Götter langweilten sich, darum schufen sie die Menschen. Adam langweilte sich, weil er allein war, darum wurde Eva erschaffen. Von dem Augenblick an kam die Langeweile in die Welt und wuchs an Größe in genauem Verhältnis zu dem Wachstum der Volksmenge. Adam langweilte sich allein, dann langweilten Adam und Eva sich gemeinsam, dann langweilten Adam und Eva und Kain und Abel sich *en famille*, dann nahm die Volksmenge in der Welt zu, und die Völker langweilten sich *en masse*. Um sich zu zerstreuen, kamen sie auf den Gedanken, einen Turm zu bauen, so hoch, daß er bis in den Himmel rage. Dieser Gedanke ist ebenso langweilig, wie der Turm hoch war, und ein erschreckender Beweis dafür, wie sehr die Langeweile schon überhandgenommen hatte.«[61]

Was ist an der Langeweile so schrecklich, dass wir vor ihr fliehen? Martin Heidegger unterscheidet drei Formen der Langeweile, denn Langeweile ist nicht gleich Langeweile. Zum einen kann uns *etwas* langweilen: ein Buch, eine Sendung, ein Gespräch, ein Mensch u. v. m. Anders die Langeweile, bei der wir *uns* langweilen. Wir sind lustlos, können aber nicht sagen, ob es nur an dem Buch, der Unterhaltung etc. liegt – es hängt irgendwie an beidem. Bei der »tiefen« Langeweile ist der Grund der Langeweile gänzlich unklar. In dieser letzten Variante wird die Langeweile erst wesentlich und umgreifend. Sie ist, wenn man so will, die Erfahrung der Indifferenz der Weltzeit gegenüber der Lebenszeit. Blickt man nun auf diese drei Varianten, können wir sagen, dass es sich bei den ersten beiden im Grunde genommen um keine unbedingte Langeweile handelt, weil sie in der gescheiterten sinnvollen Gestaltung und Kurzweiligkeit einer Logik folgen, die implizit an dem Bedürfnis nach rechter Nutzung der Zeit ausgerichtet ist. Allein die dritte Form ist radikal und hat eine eigene Zeitgestalt. Langeweile ist hier ein Nichtstun mit Erwartungsverweigerung. Losgelöst von der Projektion der Sünde ist sie nichts anderes als eine gesteigerte Form der Musealisierung. Eine Absage an das Neue mit dem Geschmack des Gegenwärtigen und der Würze des Alten. In dieser Lesart ist Langeweile eine sehr gesunde Reaktion. Gleichwohl bleibt sie als Sünde unserem Gewissen eingeschrieben. Bloß keine Langeweile aufkommen lassen. Allein, wir können nicht ohne sie. Sie ist als Gestalt des sich Sammelns eine notwendige Entlastung vom Neuen.

Wir brauchen die Langeweile. Serien leben mittlerweile davon, dass wir uns langweilen dürfen, ohne dass wir in den Bereich temporaler Illegalität abrutschen. Sie schleichen sich in den Alltag ein. Es sind gute Zeiten – schlechte Zeiten. In der Langeweile begegnen wir uns in der Zeit, allein – sinnlos. Es ist die Erfahrung der gelösten Nichtigkeit unseres Seins. Darin ist die Langeweile ebenso die Zeit des stetigen Lebensflusses: der Alltag des Daseins. Er hat uns, wir haben ihn. Was wären wir ohne Alltag. Jeder, der auf den Alltag verzichten musste, lernt ihn als Entlastung zu lieben. – Es gibt schlichtweg nichts Neues, schon gar nicht das dauerhafte Neue. Es ist das Alte, immer wieder, immer neu, aber eben das Alte. Die Langeweile entsteht gerade, weil nichts Neues passiert, das Alte bleibt: der Alltag im Kreislauf der Wiederkehr des Immergleichen. Wir können nicht ohne Langeweile! Sie ist überlebenswichtig. Wir brauchen die Langeweile. Sie schützt uns vor dem Reizterror. Daher müssen wir lernen, uns langweilen zu dürfen, Langeweile zu kosten, zu inszenieren. Auch Chillen muss gekonnt sein. Die Kunst hat schon lange, nicht erst seit Samuel Beckett und John Cage, diesen Gedanken für sich entdeckt. Ist nicht im Grunde jedes Kunstwerk langweilig? Im Alten das Neue zu entdecken entlastet von der Innovationsflut, die ihren Sinn im Veralten hat. Die Zeit der Langeweile entzieht sich dem Nutzen, sie sperrt sich dem Diktum von der Ausnutzung der Zeit. Wir lernen, dass Zeit doch keine Ressource ist.

Vermutlich liegt die tiefe Wahrheit des Nihilismus darin, dass wir das Nichts, die Sinnlosigkeit aushalten lernen müssen, um Sinn aus unserer Zeit selbst zu schöpfen, ohne sie verschwinden zu lassen. In der Langeweile als Entlastung liegt schöpferische Kraft. Die Langeweile muss nur zu Ende gebracht werden. Nicht-domestizierte Zeit, freie Zeit, die sich offenbart. Es ist schwer, Zeit zu haben. Die Langeweile ist das Museum der Alltagszeit. Das Nichtstun ist an der Zeit. Auch die Muße muss die Langeweile aushalten können. Sie braucht sie als Radikalform, immerhin ist sie allein die Schule der Gelassenheit. Zudem dürstet sie nach Langsamkeit – auch eine Zeitform, die in unserer Ordnung unerwünscht ist. Die Musealisierung ist verlangsamte Zeit. Insbesondere Museen stellen Langsamkeit aus, hier findet sie ihren Platz. Unser Blick muss schweifen, wir schlendern durch das Museum voller Erwartung. Museen entschleunigen unsere Blicke. In dieser Hinsicht ist der Zeitensammler langsam, und er muss es sein. Das Sammeln ist per se eine Tätigkeit, die verzögert. Die Erfahrungen, die Menschen machen, sind gemächlich, weil wir uns die Dinge genauer als gewöhnlich ansehen. In unserem Leben brauchen wir uns gegenüber diese Genauigkeit, denn wir wollen wissen, wer wir sind. Musealisierungen sind somit wie Bremsvorgänge und Verobjektivierungen der Geduld mit uns. Sammeln verbietet Hektik.

Das geduldige Sich-Sammeln als Musealisierung ist eine Form der Sorge um sich. Die Musealisierung deutet auf die Rekursivität und Kontingenz von Subjektivität unter den Bedingungen gelebter Un-Ordnungen hin und ist so eine Lebenszeit-Inszenierung. Aber von welcher Art ist diese Inszenierung? Die Musealisierung der Lebenszeit besteht aus einer Inszenierung, die primär aus der Sammlung von Vergessenem und Erinnertem besteht. Das Vergessene und Vergangene erobert das Gegenwärtige, die Ästhetik des Vergangenen fordert ihr Recht der Vertrautheit, die zugleich befremdend ist und sich unterläuft.

Das, was wir sind, sind Splitter des Damaligen, ist die Willkür der Erinnerung, Spuren, die sich unserem Körper eingeschrieben haben, Geschichte, die nur in Gestalt der Musealisierung gegenwärtig ist. Musealisierung braucht die Inszenierung, ob im Museum, auf Floh- und Trödelmärkten, im Denkmalschutz, in Autobiografien u.v.m. Alle diese Formen sind, wie es die Porträtmalerei zur Meisterschaft bringt, eine Inszenierung von sozialer Lebenszeit. Damit wird aber auch deutlich, dass die Musealisierung Zeit »zusammensucht«, in der Rückschau des Lebens, das keiner stellvertretend für uns führt.

Es geht in der Musealisierung also nicht in erster Linie nur um den Gedanken der Beschleunigungskompensation, sondern vielmehr um die existenzielle und wesenhafte Frage, wer wir als Gewordene gegenwärtig sind. Wir sammeln unser Leben, und die Lebenszeit ist eine Sammlung von Erfahrungen. Das Selbst ist eine Inszenierung dieser Erfahrungen. Die Musealisierung ist der Prozess, in dem unsere zusammengetragenen Erlebnisse in der Verzögerung der Zeit einen Resonanzboden erhalten. Als endliche Wesen sind wir nun mal in Szene gesetzt, und die Musealisierung ist das Bündel von Praktiken, das die Kontingenz von Sammeln sowie Inszenieren enthält und das Register des Selbst bestimmt. Die Musealisierung der Lebenszeit fungiert als notwendiges Verstehensmedium für Wirklichkeit. Sie äußert sich in Langsamkeit, Langeweile, in Ritualisierungen, als Ausdruck der Unterbrechung und Wieder-Holung von Lebenszeit. Als ästhetische Praxis markiert sie Wege der Widerständigkeit gegen die Abschaffung der Zeit und steht im Dienste einer Wahrnehmung, die sich Zeit lässt, trödelt. Musealisierungen sind in ihrer eigenen Rhythmisierung, Ausnahmeformen der Überschreitung.

Die Auseinandersetzung mit Endlichkeit wird im Medium des ästhetischen Scheins (Friedrich Schiller) und der Zwischenzeiten verhandelt. Wenn »das Reale« zunehmend über Zeitdispositive gesteuert und im Rahmen von Beschleunigungsmechanismen konstituiert ist, wird die Aktualität eines anderen Umgangs mit Zeit maßgeblich, der in einem wahrnehmenden

Denken besteht. Eine Musealisierung der Lebenszeit schafft eine Sensibilität für die Kehrseite der Zeitdispositive. Sie wird zur Möglichkeit der Erfahrung im Zwischen von Endlichkeit sowie Überschreitung und steht damit im Kontext von notwendigen, aber kontingenten Subjektivitätsprozessen. Angesichts der Komplexität von alltäglichen Funktionszusammenhängen entsteht durch das Sammeln, Bewahren und Wiederholen eine Öffnung des extraterritorialen Bereichs der Funktionslosigkeit – der Kontemplation. Radikale Versenkung ins Nichtstun.

Derzeit gerät die Musealisierung selbst in den Strudel beschleunigter Zeiten und wird neurotisch. Ihre Vermarktung – durch die Kulturindustrie – ist Bestandteil ihrer Abschaffung. Aus Dingwelten und Praxen wider die Endlichkeit werden Freizeitformen mit garantierter Spaßproduktion und Kurzweiligkeit. Auch die Denkmalpflege, der Archivierungswahn oder die weltumspannende Digitalisierung und die Permanent-Fotografie zeigen Gereiztheit und Unruhe. Dadurch zerrinnt die Musealisierung, weil sie ihre Distanz verliert, ihr einwohnendes Fremdes. Und auch der Zeitensammler büßt etwas ein – nichts weniger als das Verhältnis zu sich, den Dingen und der Welt.

Zahnradwerk einer Uhr

Kapitel 6

Von der anderen Zeit der Dinge

Die Dinge der Welt haben eine andere Zeit: An ihnen haftet Erinnerung, sie tragen museale Vertrautheit durch unser Leben, sind Modi der Welterkenntnis, in der Reflexion sind sie Zeugen der erfahrenen Welt. Dinge begleiten unser Leben, widersetzen sich der genormten Aneignung, erinnern uns an Situationen, Vergangenes, Menschen. Erinnerungen verbleiben an den Dingen. Sie sind materiale Bedeutungsträger, die eine Gleichzeitigkeit des Vergangenen und Gegenwärtigen schaffen. Sie sind unsere »Beinahe-Kameraden« (Merleau-Ponty) und unser Halt im Werden. Ohne Welt keine Zeit, wenigstens ist das stets die Geschäftsbedingung unseres Seins gewesen. Die Zeit ist der Ort des Wiedersehens. Doch der Fortschritt schafft auch dies: Zeit ohne Welt. Wir gehen sorglos mit ihr um, weil es sie im Grunde genommen gar nicht mehr für uns gibt, wir unterwerfen sie unserer Zeit und richten sie hin. Eine beschleunigte Zeit entbehrt der Welt und der Dinge. Sie sind Ballast, den wir über Bord geworfen haben. Die Dinge, das sind unnötige Umständlichkeiten, unser Routenplaner berechnet die schnellste Entfernung, die Welt ist Umweg, wenngleich die schönere Fahrtstrecke. Kalkulierte Zeiten kennen nur ihre Vermessung, Steuerung, Rationalisierung und Ausnutzung. Wenn wir uns diesen Zeiten nicht unterwerfen wollen, müssen wir wieder nach der Welt fragen, müssen wir von der Zeit der Dinge lernen, die für uns die andere Zeit ist. Zyklische, rhythmische Zeiten brauchen die Unabhängigkeit, die Eigenständigkeit, die Autarkie der Welt, für die die Dinge stehen.

Dinge umgeben uns. Es gibt Dinge, die uns beschäftigen, die wir im Leben getan haben sollten, die gesammelt und geordnet werden. Gelegentlich fungiert das Ding als Variable für etwas, das nicht – aus welchen Gründen auch immer – bestimmt werden kann. Wenn wir den Namen für etwas nicht kennen, dann ist es eben erst einmal irgendein Ding. Dinge stehen aber auch für komplexe Sachzusammenhänge genauso wie für einzelne Gegenstände. Es gibt Dinge, die wir vorfinden, die wir herstellen, die wir zerstören, mit denen wir etwas tun und die uns begegnen. In dem Gebrauch des Wortes Ding liegt seine Ausdehnung auf potenziell nahezu alle Entitäten begründet, bis hin eben zum lapidaren Platzhalter für Entfallenes. Wir brauchen die Dinge: Kulturdinge, die uns unterbrechen, Museumsdinge, die uns unsere Zeit geben, Erinnerungsdinge, die uns begleiten, Kunst-Dinge, in denen wir uns erkennen und Alltagsdinge, mit denen wir uns heimisch fühlen können. Zusammengefasst: Dinge sind unbestimmt vielfältig. – Gleichzeitig muss betont werden, dass sie keineswegs »unschuldig« sind, sie haben einen affektiven Charakter und üben einen großen Reiz aus. Sie sind auf merkwürdige Weise unsere Wahrnehmung der Welt, sie bewegen und affizieren uns. Der materielle Überschuss der Dinge lässt sich nicht domestizieren, geschweige denn kontrollieren. Auch ihre Zeit entzieht sich unserer Bemächtigung. Dinge haben eine Würde der Selbstzweckhaftigkeit, die sich der bloßen Verwertung sperrt. Hierin zeigt sich die ethische Dimension der Dingbegegnung, die eine Zuständigkeit für die Welt impliziert. Dinge sind Mahner eines Umgangs mit Welt, der nur uns zugerechnet werden kann.

Die Dinge können uns subtile Formen des Lebensrhythmus aufzwingen. Alltagsgegenstände schaffen unmerklich Zeitrhythmen und Zeitsteuerungen. Sie geben uns ihre Zeit vor – Eigen- und Gebrauchszeit. Dabei versuchen wir, die Zeit der Dinge zu steuern und werben nicht selten mit Zeitgewinn, denn wir gestalten und bewerten die Dinge zunehmend und nahezu ausschließlich nach ihrem Funktionswert. Damit unterwerfen wir die Dinge dem gleichen Zeitdispositiv, das bereits uns selbst bestimmt. Am Ende soll es nur noch Objekte für Subjekte sowie Gegenstände geben, die sich allein durch ihren Nutzen legitimieren. Ihre Funktionalität ist ihr Haltbarkeitsdatum, und ihre Ding-Zeit wird durch die vorgefertigte Handhabung festgelegt. Die Ökonomie des Designs besteht darin, feilzubieten und festzulegen, was mit ihnen zu tun ist. Eben ausschließlich das Eine. Oberflächlich verbleibt die Ökonomie der Dinge, hintergründig schwinden ihre Vielfältigkeit und vor allem unser Gespür für die Welt. Mit diesem Reduktionsprozess soll die Zeit der Erfassung und des Verstehens verkürzt werden. Das Innehalten der Wahrnehmung, der sich versenkende Blick wird der Steuerung durch Zeitstrukturen unterworfen. Verlieren die Dinge ihren Nutzen, also ist ihre Zeit abgelaufen, landen sie auf den gigantischen Müllhalden der Zivilisation – eventuell bleibt ihnen die Hoffnung auf museale Transformation an den Ort, an dem sie wieder ihre Zeit erhalten, enthoben vom gebrauchsdefinierten Sein.

Die Zeit, die wir den Dingen einräumen, ist verbunden mit der Weise, wie wir uns als Wesen verstehen, die eine Welt haben, in der wir leben und in die wir verstrickt sind. Ohne diese Welthaltigkeit wären wir stumm. Selbst ein Nachdenken über uns haben wir nur in einer Hinwendung zu den Dingen; erst sie machen uns aufmerksam auf jemanden, der sie denkt, wahrnimmt, fühlt, ordnet, herstellt usw. Doch wir machen kaum noch Erfahrungen mit den Dingen der Welt: Die Neugierde und Aufmerksamkeit für die Dinge wird zur Affirmation ihrer Funktion, die Magie einer vielfältig-unbestimmten Welt zur Lüge des objektiv Identifizierenden, das Staunen selbst zur Besinnungslosigkeit. Indem Dinge einer Pseudo-Ästhetik des Bestimmt-Einfachen unterworfen werden, verlieren sie ihre Möglichkeiten; sie werden, wie so vieles gegenwärtig, uniformiert. Und wir begreifen nicht mehr die Dinge, stattdessen reagieren wir wunschgemäß, wir wissen nicht mehr, wie sie unter welchen Umständen entstehen, wir finden uns vor vollendete und selbstverständliche Tatsachen gestellt. Das Werden der Dinge als Prozess sinnlich erfahrbarer Materialität bleibt absent. »Die Präsenz der Dinge ist [...] unübersehbar und überwältigend. Ihre Herkunft, ihr Entstehungsprozess aber liegt im Verborgenen. Nichts an ihnen deutet an, aus welchen Rohstoffen sie entstanden, durch welche Hände sie gegangen und aus welchen Maschinen sie entsprungen sind, welche Fließbänder sie sortiert und welche Fahrzeuge sie transportiert haben. Eines Morgens sind sie da.«[62] Die Dinge und mit ihnen die Welt haben also keinen verorteten Ursprung und keine Geschichte mehr, und damit letztlich auch keine Zukunft.

Dinge sind Ausdruck einer Welt, die nur unter der Gestalt dieser Dinge ihre Form findet. Dinge stehen für die Welt im Ganzen. Sie sind Fragmente des Seins, ohne dass uns dieses Ganze zu begegnen wüsste. Vormodern gehören sie einer symbolischen Welt an, die etwas zu sagen hat, Geheimnisse verbirgt, zu verzaubern vermag und Spielräume zulässt. Die Menschen ordnen sich im Ritus den Dingen unter, nicht umgekehrt. Alles in der Welt ist materiell zurückgebunden, eben welthaltig. Der Mensch und die Dinge stehen in einem mimetischen Verhältnis, das auf das Moment der Nicht-Bestimmung verweist. Die Dinge sind vom begrifflichen Denken noch unerfasst – Welt noch nicht Teil des analytischen Zugriffs. Der Mensch ist kein Akteur, sondern ein sich um sich sorgendes Selbst, das sich mitten in der Welt der Frage zuwendet, welchen Sinn diese Welt wohl haben mag. Alles zeigt sich als ein kosmologischer Zusammenhang, der dem Menschen unverfügbar ist. Dinge haben stets eine Bedeutung, sind symbolisch.

Mit einer modernen Trennung von Welt und Mensch in ein erkennendes Subjekt und ein zu erkennendes Objekt haben sich die Dinge nach dem Menschen zu richten; das verändert die Frage nach den Dingen grundlegend. Die Welt verstummt, wird sprachlos angesichts menschlicher Hybris. Alle Materialität ist der menschlichen Zurichtung unterworfen. Anerkannt wird nur das, was in ein System zu bringen ist. Eine sich übermächtig gerierende instrumentelle Vernunft verschreibt sich dem »identifizierenden Denken«. Natur, Welt, die Dinge werden zum Gegenstand der Erkenntnis.[63] Das identifizierende Denken will alles in Gesetze fassen, in Urteile überführen, um sich der Welt zu vergewissern. Es darf nichts Unbestimmtes mehr geben, das nicht auf den Begriff zu bringen ist. Der Mensch analysiert, abstrahiert, vermisst und zergliedert; er stellt sich der Welt der Dinge gegenüber. Durch diesen Vorgang wird das gemeinsame Band durchschnitten, werden Dinge, einst komplexe Welt- und Sachzusammenhänge *(res)*, zu gegenständlichen Objekten. Das »Inkommensurable«[64] der Dinge wird weggeschnitten – in der Herrschaft der Vernunft werden sie als zu erkennende Objekte domestiziert. Das Subjekt »Mensch« trachtet danach, die Welt zu beherrschen und die Dinge der Welt *seiner* Ordnung einzuverleiben. Er spielt sich zum *deus minor*, zum Herrscher über die Dinge und ihre Zeit auf, ist darin aber ein kleiner, kümmerlicher und letztlich hilfloser Gott. Friedrich Schiller hat dieses neuzeitliche Problem radikalisiert: Seine Frage, wie der Mensch in seiner Totalität als leiblich-vernünftiges Wesen möglich ist, enthält zugleich die Frage danach, wie Mensch und Welt überhaupt noch zusammen gedacht werden können. Wie steht der Mensch zu einer Welt, deren Teil er ist und die ihm sprachlos gegenübersteht? Was für eine Besonderheit hat der Mensch in der Zurichtung der Dinge und der Welt von sich abgeschnürt?

Interessanterweise ist es Immanuel Kant, der mit der kopernikanischen Wende und der Beschreibung des menschlichen Erkenntnisvermögens zwar das Ding dem Denken unterwirft, damit aber gleichzeitig einen Blick für das Inkommensurable des Dings öffnet. In seiner *Kritik der reinen Vernunft* verwendet er die Singular-Formulierung von einem »Ding an sich«. Er markiert mit dieser Wendung einen Bereich, der sich der Bestimmung durch den Menschen schlichtweg entzieht, unverfügbar und unbestimmbar ist. Der Mensch kann das Ding an sich, die Welt, wie sie unabhängig von seinen Erkenntnismöglichkeiten ist, weder erkennen noch erfassen. Mit anderen Worten: Wir können Dinge, über die wir verfügen und objektiv bestimmen, von Dingen unterscheiden, die wir nicht im Griff haben, die sich unserem Zugriff verweigern. Diese sind für uns weder Objekt noch Gegenstand, sie haben ein Ansich, indifferent kränkend, wilde Materialität.

Kant bereitet mit der Rede vom Ding an sich einen Weg vor, der in der Folge phänomenologisch als die überschüssige Materialität der Welt herausgearbeitet wird – diese wirkt auf uns, affiziert uns in ihrer Wahrnehmung, ja webt uns unmerklich ein, gleichsam als eine *causa materialis*, eine Ursache, ein Bewegtwerden durch die Dinge. In dieser Unverfügbarkeit werden wir durch die Dinge angestoßen, sind wir die bewegten Beweger. Die Welt nimmt uns – präreflexiv – auf eine Weise in Anspruch, bevor wir ausdrücklich über sie und die Dinge nachdenken. Unmerklich durch ihre Umgebenheit und als Affektursache hat sie uns immer schon im Vor-Griff. »Unser Verhältnis zu den Dingen ist kein distanziertes, jedes von ihnen spricht zu unserem Leib und zu unserem Leben, sie sind in menschliche Charaktereigenschaften wie fügsam, weich, feindselig oder zäh gehüllt, und umgekehrt leben sie in uns als diejenigen Verhaltensembleme, die wir schätzen oder aber verabscheuen. Der Mensch ist mit den Dingen verbunden und die Dinge mit ihm.«[65] Die Verwobenheit von uns und den Dingen ist eine, bei der die Beteiligung der Dinge selbst nicht offenkundig wird. Jede Rede vom Ding trägt *in nuce* diese Signatur des Unbestimmbaren und Unverfügbaren. Die Welt und ihre Dinghaftigkeit ist ein universelles Ansich. Die Dinge der Welt haben Mitsprache, und wir sind es, die auf sie antworten. Es geht um eine Materialität der Dinge, die an unserem Denken, Handeln und Urteilen beteiligt ist.

Diese wilde Materialität enthält als Welt die Möglichkeiten ihrer Formen, die das Werden ausmachen. Aristoteles versteht daher das Sein der Dinge durch die Vielheit der in ihnen angelegten Möglichkeiten. Das Werden der Welt ist dann nichts anderes als Formen zu gewinnen und zu verlieren. Dinge sind so betrachtet außerordentlich vielseitig. Und daher ist vielleicht zu erklären, warum Dinge in unterschiedliche Rollen schlüpfen können, warum sie sich zum Spiel eignen, warum sie uns in einer Art und Weise auf- und einfordern, mit ihnen etwas zu tun, das ihre Form nicht hergibt. Kinder wissen das intuitiv und sehen in den sie begleitenden Gegenständen wie selbstverständlich die Spannbreite des Lebens. Die Dinge zeigen jenseits von Funktionalität den Überschuss als Möglichkeiten: Sie berühren und verführen uns. Welt, das ist die reale Gegenwärtigkeit der Dinge in ihrer ungestümen Materialität, die jede Form als vorläufig widerruft. Was ist selbst die Kunst anderes als ein Widerruf ihrer Formen?

Die *Macht* der Dinge, ihre Mitsprache zeigt sich in ihrem

unerwarteten, zeitlichen In-die-Welt-Treten; plötzlich fällt uns etwas auf, ist nicht mehr selbstverständlich und bringt die Horizonte in Bewegung. In diesem Augenblick bricht sich die Zeit an den Dingen, unsere Aufmerksamkeit fängt sich in ihrem Netz. Das Ding hat in dem Hiatus von Auffallen und Aufmerken (Hans Blumenberg) eine *temporale Eigenwilligkeit*, die die profane Zeit anhält. Ihre Materialität ist eine Dimension unserer Erfahrung. Zugleich fängt diese Materialität der Dinge unsere Zeit ein. Wie lange unser Blick an etwas haftet, steht nur sehr bedingt in unserer Verfügung, dass er haftet, gar nicht. Dinge haben eine Zeit, die sie verlangen, um wahrgenommen, gesehen oder gehört, gefühlt oder verstanden zu werden. Sie verlieren ihre Stummheit, werden beredt und geben Kunde von einer Welt, zu der wir im tiefsten Grunde gehören.

Die Rede von der Zeit der Dinge steht stets vor ihrer Unbegreiflichkeit. Das Ding versammelt Zeit. Bereits im engsten Wortsinn ist dem »Ding« eine zeitliche Herkunft eingeschrieben, wenn man den Begriff in die etymologische Nähe des Begriffs »thing« rückt. Das *thing* war eine Art Urteilsinstanz und Ort, an dem man sich versammelt hat, um eine Sache/ein Ding vorzutragen. Zugleich gibt es hier eine Affinität zum Begriff der Zeit (got. *peihs*), insofern diese Versammlung auf das Ding eine eigene Zeitspanne mit sich bringt und zu bestimmten Zeiten abgehalten wird.

Die Dinge der Welt liegen quer zur menschlichen Zeitordnung, als der zwanghaft abstrahierten geradlinigen Sukzessivität. Sie gehorchen in ihrer Materialität nicht dem Diktat unserer Zeitmessung. Vielmehr unterbrechen sie diese gerade in ihrer Unverfügbarkeit. Das ist ein wirkungsvolles Moment, denn an der Zeit der Dinge hängt nichts weniger als die Möglichkeit, eine andere Zeit zu verstehen, ja Zeit zu haben. Den Dingen also ihre Zeit zu nehmen, sie in unser Zeitkorsett zu pressen, wie es in der Moderne im Anflug einer Lebenszeithektik zunehmend der Fall ist, heißt nicht, *ihre* Zeit, sondern *unsere* Zeit abzuschaffen und uns und den Dingen der Welt den Atem zu nehmen. Die Zeit der Dinge, die uns begegnet, zergliedert sich nicht in aufeinander folgende Sequenzen, es ist ihre ganze Zeit, die uns gefangen nimmt, wenn wir uns ihnen anschauend zuwenden, ihnen unsere Aufmerksamkeit als ihre Zeit schenken. Es ist eine Verzeitigung unserer selbst, indem wir uns dieser Arbeit an der Materialität widmen. Vor den Dingen sind wir alle gleich, schleifen sich die Differenzen ab.

Die Hinwendung zu den Dingen enthält eine ihr eigene Spannung der zeitlichen Unverfügbarkeit, die wir durch den Zauber der Liebe kennen. Die Dinge bedürfen der Liebe, wie es Max Horkheimer einmal formulierte. Sich einzulassen auf die Dinge heißt, ihnen und ihrer Zeit ausgesetzt zu sein. Dieses Ausgesetztsein gänzlich beherrschen und takten zu wollen, geht auf Kosten unseres Verhältnisses zu den Dingen und unserer Zeit. Der Schutz vor der Macht der Dinge ist die Angst vor ihrem Zugriff. Darin liegt die Kränkung eines entthronten Subjekts, das seine vermeintliche Souveränität und Autonomie mit dem Verlust des Zugangs zur Welt bezahlt. Dinge sind am Ende Zwischenzeiten, die uns entlasten: interesselose Begegnungen, zweckfrei, potenziell kontemplativ und ich-verloren. Wir brauchen solche Leerzeiten, Freiräume, auch und gerade von Zeitdispositiven, die uns die Muße nehmen, uns den Takt vorschreiben. Durch die Dinge sammeln wir uns. Indem wir mit den Dingen etwas tun, sind wir bei ihnen. Wir lernen an den Dingen eine andere Zeit, die Zeit der Hingabe, in der wir uns einlassen und uns verlieren. Es ist die Zuwendung und Aufmerksamkeit, die wir einer Sache entgegenbringen, die uns die Zeit vergessen macht und uns gerade so Zeit schenkt: Indem wir uns den Dingen widmen, sind wir; indem wir uns auf die Zeit der Dinge einlassen, haben wir schließlich unsere Zeit. Je mehr wir uns vergessen, von uns absehen und den Dingen hingeben, desto beredter und reicher wird die Welt. Die Dinge versperren uns den kürzesten Weg – gut Ding will Weile haben – sie sind Wegelagerer des Denkens, der Resonanzboden und der rhythmisierende Klangkörper unserer Zeit.

Es ist insbesondere der *kairos*, der uns an eine Zeit des Rhythmus erinnern kann, in der Mensch und Welt gemeinsame

Akteure sind, in Kontexten, in Situationen, in Spielräumen. *Kairos* ist ein Begriff, der für den Menschen das Phänomen zu fassen sucht, dass es im Leben günstige Gelegenheiten gibt, gewissermaßen eine rechte Zeit, eine Zeit, die etwas braucht, um sie zu verstehen. Der Begriff unterscheidet sich von dem des *chronos*, der die Zeit in ihrer Sukzessivität begreift. Der *kairos* bleibt den Dingen verhaftet, er braucht eine Welt, um die es geht. Die Dinge der Welt fordern auf, etwas mit ihnen anzufangen. *Kairos* meint das Maß der angemessenen Zeit für die Dinge, für den menschlichen Umgang mit Welt. Er ist also der rechte Augenblick, in dem die Vollendung der in der Zeit liegenden Möglichkeiten bedacht ist. Der *kairos* ist ästhetisch schöpferisch – ein ästhetisches Prinzip für das Einfinden in ihren Rhythmus.[66] Mit anderen Worten: Der *kairos* ist eine Zeit der Welt und des Menschen, die verstanden, getan, erfahren, erlebt und gelebt, erinnert und vergessen wird. Wir werden eingefangen von dem unbestimmt Vielfältigen des Dinges, den Möglichkeiten einer Welt, deren Teil wir sind. Aber der rechte Zeitpunkt muss erkannt werden.

Die Dinge verstehen zu können bedarf der *Kontemplation.* Ein Verschmelzen mit der Welt und ihren Ausdrucksgestalten, die uns die Zeit vergessen lässt, indem sie uns erfüllt. Diese Zeit macht uns glücklich. Wer glücklich zu sein sucht, muss seinen Blick von sich weg auf etwas richten. Dazu bedarf es der kontemplativen Zeit. Die Kontemplation ist schlichtweg ein genaues Hinsehen, ein anschauendes Erkennen, das der *theoria* oder auch dem *intellectus speculativus* verwandt ist. Die Kontemplation hat der Wortgeschichte nach etwas mit dem Tempel zu tun; ein eigener, heiliger Raum, mit eigener nicht profaner Zeit, in der sich etwas zeigt, Wahrheit, Gott, das Gute oder – wie in der Kunst – das Schöne. Die Kontemplation zeichnet sich dadurch aus, dass wir uns den Dingen zuwenden, ohne dass wir an ihnen ein bestimmtes Interesse hätten, dass wir sie als Mittel für etwas benutzen wollen, als Funktionsobjekt oder dergleichen. Diese Art der Hinwendung nimmt ihren Ausgang in religiösen Gefilden. In der Antike versteht man unter Kontemplation das

Beobachten des Himmels, um daraus orakelgleich Entscheidungen abzuleiten. Das Christentum des Augustinus und das mönchische Leben im Anschluss an Benedikt von Nursia sehen und schätzen die Kontemplation als geistiges Schauen, das sich Gott zuwendet und in dieser Bewegung ausschließlich auf Gedanken zentriert, die zu Gott führen. Eine Abkehr von Zeit und Welt. Thomas von Aquin hingegen spricht der Welt Bedeutung zu und betont, dass selbst die Hinwendung zu Gott nicht ohne die Dinge auskomme. Sie sind der Ausgang, um am Weltganzen der Schöpfung teilhaben zu können. Dieser Ausgang beginnt mit dem Staunen, mit der Aufmerksamkeit, die die Dinge einfordern. Nicht *wie* die Welt ist, sondern *dass* die Welt ist, birgt das Staunen, das eigentlich Mystische (Wittgenstein). Die Zeit der Kontemplation geht mit der Frage nach dem Sinn einher.

Für Arthur Schopenhauer, der die Bedeutung der Kontemplation aus dem religiösen Rahmen heraustrennt, besteht sie in der Loslösung vom ständigen Wollen-Müssen, das der Grund für menschliches Leid ist. Die Kontemplation – und das ist entscheidend – löst die Individualität auf, genauer das *principium individuationis*, das Mensch und Welt scheidet. Mensch und Welt sind eins. Ewige Wiederkehr. Die Kontemplation wird dem Menschen als Anschauung in der Kunst erfahrbar. Sie reißt die Dinge aus dem Strom der sukzessiven Zeit und macht sie sichtbar. Die Welt muss einem Menschen, der ihr nur noch instrumentell begegnet, erfahrbar werden. Dafür ist nach Schopenhauer Musik ein ausgezeichneter Gegenstand. Denn sie ist Weltrhythmus. Es ist die Kunst, die das Nichtflüchtige am deutlichsten zur Darstellung bringt, ein Allgemeines sucht, das nur dinghaft unter der Form der Besonderheit und Materialität erscheint und Bestand hat. Der Mensch verliert sich sodann in der Kontemplation und gewinnt die andere Zeit der Welt. Die Dinge sind hier keine Objekte mehr, sondern Symbole einer Welt, die ein Sein hat, das unserer Zeit nicht bedarf. Es ist das Glück der Ruhe und des erkennenden Wohlseins: »Wann aber äußerer Anlaß oder innere Stimmung uns plötzlich aus dem endlosen Strome des Wollens heraushebt, die Erkenntniß dem Sklavendienste des Willens entreißt, die Aufmerksamkeit nun nicht mehr auf die Motive des Wollens gerichtet wird, sondern die Dinge frei von ihrer Beziehung auf den Willen auffaßt, also ohne Interesse, ohne Subjektivität, rein objektiv sie betrachtet, ihnen ganz hingeben, sofern sie bloß Vorstellungen, nicht sofern sie Motive sind: dann ist die auf jenem ersten Wege des Wollens immer gesuchte, aber immer entfliehende Ruhe mit einem Male von selbst eingetreten, und uns ist völlig wohl. Es ist der schmerzenslose Zustand, den Epikuros als das höchste Gut und als den Zustand der Götter prieß: denn wir sind, für jenen Augenblick, des schnöden Willensdranges entledigt, wir feiern den Sabbath der Zuchthausarbeit des Wollens [...]. Dieser Zustand ist aber eben der, welchen ich oben beschrieb als erforderlich zur Erkenntniß der Idee, als reine Kontemplation, Aufgehen in der Anschauung, Verlieren ins Objekt, Vergessen aller Individualität.«[67]

Kontemplation ist also eine Form der Zuwendung, die eine eigene Zeit des Verweilens, eine Gegenwärtigkeit als Bruchstück des Ewigen enthält. Die Unmittelbarkeit der Dinge bleibt Mythos. Die Kontemplation gleicht einem Spiel der Dinge, das unser Mitspielen verlangt. Nichts anderes ist Kontemplation. Anstatt über die Zeit zu verfügen, lassen uns die Dinge Anteil nehmen an ihrer Eigenzeit. Diese ist die Zeit der Erfüllung, die darin zu suchen ist, dass der Mensch von sich – im Spiel der Kontemplation – entlastet ist. Er ist willenlos, interesselos, und zwar in einer Weise, die ihn etwas sehen lässt, das ihm im Zuge einer nichtverweilenden Zeit verborgen bliebe. Die Kontemplation birgt eine Zeit, die sich dem Flüchtigen verweigert und sich dem zu widmen versucht, das Bleibendes verkörpert. Anders: Der Mensch ist nicht gehetzt, er ist das Verweilen selbst. Es geht in der Kontemplation letztlich nicht um die Entgegenstellung von Tätigkeit und geistigem Schauen, von Arbeit und Denken, sondern um eine Zwischenzeit, die entsteht, weil das erkennende Subjekt und ein zu erkennendes Objekt nicht zu trennen sind.

Kontemplation ohne Leidenschaft und Hingabe ist undenkbar. Die Frage ist allerdings, ob wir diese Leidenschaft noch kennen. Wir bilden uns an den Dingen, durch sie und in der Auseinandersetzung mit ihnen. Das ist etwas anderes als die optimierende Verwaltung von Dingen und Menschen. In diesem überwachten Kreislauf haben die Dinge ihre Widerständigkeit und der Mensch seine Neugierde eingebüßt. Stattdessen bedürfen die Dinge einer Form der Aufmerksamkeit, die begehrt und zugleich warten kann, die erstrebt und am Gegenstand verweilt, sich hinreißen lässt und die Beunruhigung durch sie spürt. Es ist Platon, der uns erklärt, warum wir uns über die unmittelbare Bedürfnisbefriedigung und Verwertbarkeit hinaus mit einer Welt beschäftigen. Dieser Antrieb des Menschen wurzelt in seinem Interesse, sich und die Welt verstehen zu wollen. Es sind die Lust und die Liebe, das, was die Griechen *eros* nannten, die wir im Spiel mit den Dingen erfahren. Aus Liebe *(eros)* sind wir bereit, freiwillig Dinge auf uns zu nehmen, die uns nicht im engen Sinne nutzen.

Dieser Eros, dieses Angemacht-werden von den Dingen und das Nicht-mehr-ablassen-Können, weil es uns beschäftigt und uns keine Ruhe lässt, meint – das ist entscheidend – keinen inneren Trieb des Menschen, wie man zunächst und durch psychologische Denkmuster geschult vermuten könnte. Nein, der Eros ist eine unbändige Neugierde, die sich an den Dingen entzündet und für deren Verständnis man all die Mühen auf sich nimmt. Wir sind auf die Dinge der Welt angewiesen, die Horizonte und Spielräume der Welt verschieben. Wir brauchen die Dinge und die Welt für das, was wir Bildung nennen. Und wir brauchen dafür vor allem eines: Zeit!

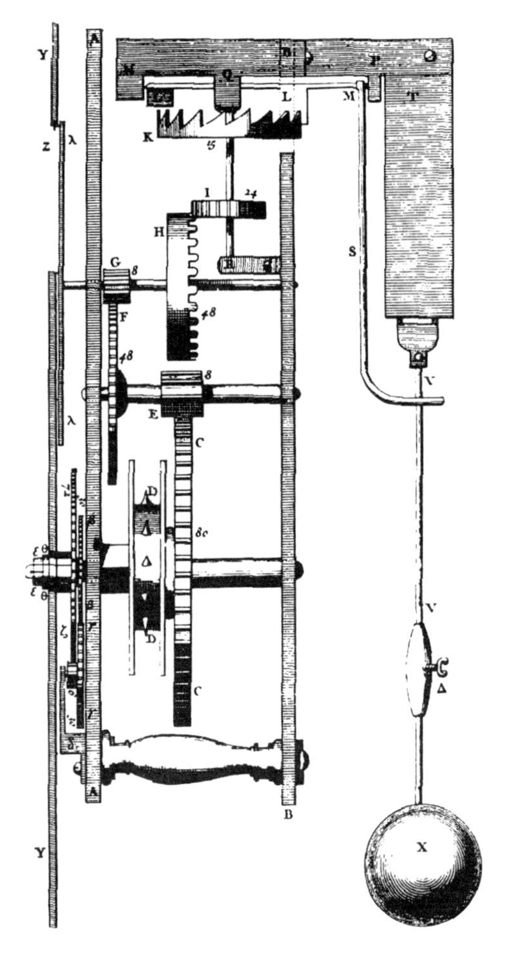

Die zweite Pendeluhr, die Christian Huygens um 1673 konstruierte

Kapitel 7

Von schwarzen Schafen. Oder: Warum Bildung Zeit braucht

Bildung und Zeit gehören zusammen. Bildung ist eine Zeitgestalt und ohne Zeit nicht zu haben. Gemeint ist hier am wenigsten die Zeit, die wir an Schulen oder an anderen sogenannten Bildungseinrichtungen verbringen, Zeit, die wir mit Bildung assoziieren – vom Zeitunglesen, über den Opernbesuch bis hin zum abendlich legitimierten Kulturmagazin. Über diese formale Zeit ist Bildung immer auch in das Privileg derer verstrickt, die per se, zumeist qua Herkunft, mehr Zeit haben als andere. Gegenwärtig und historisch gewachsen erscheint Zeit nur noch als diese quantitative Größe, die im Kontext von Bildung in der bloßen formalen Bereitstellung besteht und unter dem Gesichtspunkt ihrer Ausnutzung thematisiert wird. Die geheime Logik einer solchen Verwendung des Zeitbegriffs ist die der Zeit als *knappe Ressource*. Mit der Metapher der Ressource ist der Zeit bereits die ökonomische Grammatik eingeschrieben. Die Humankapitalerhebungen führen diesen fragwürdigen Zusammenhang weiter und verrechnen »Bildungszeit« mit volkswirtschaftlicher Rendite. – Was aber ist die Zeit, die Bildung ihr eigen nennen darf?

Wenn wir uns wechselseitig »Bildung« unterstellen und wir Bildung als etwas betrachten, das für unser Zusammenleben relevant ist, dann wollen wir uns nicht als Wesen verstehen, die einer unbefragten Verbindung von Gesolltem und Verhalten folgen, also nur funktional ausgebildet werden oder die mit einem Schema von Reiz und Reaktion gut beschrieben sind. Vielmehr sehen wir uns als Geschöpfe, die Gründe haben für ihr Handeln und im Rahmen einer Welt des Sinns und der Bedeutung antworten, anstatt zu reagieren. Eine solche Absage an die Verbindung von Reiz und Reaktion lässt sich über den Gedanken fassen, dass Bildung mit *Verzögerungen* der unmittelbaren und kürzesten Verbindungen im Denken, Handeln und Urteilen zu tun hat.

Die Verzögerung ist in dieser Anbindung eine spezifische Zeitdimension, die dem Menschen als reflexives Wesen innewohnt. Der Mensch ist gleichsam das Wesen, das verzögern kann. Nur darin deutet und gestaltet er seine Welt. Die Verzögerung der Zeit begleitet jede Form der Nachdenklichkeit und Reflexion. Mit der Rede von Bildung geraten wir selbst in ein Verhältnis zu unseren Verhältnissen (Kierkegaard). Erst durch die Verzögerung der Zeit eröffnet sich dieses Verhältnis, in dem wir uns aufs Spiel setzen und unsere selbstverständlichen Ordnungen hinterfragen. Bildung ist dann eine Antwort auf den Schatz unserer Erfahrungen, die wir im Laufe unseres Lebens sammeln und die den Horizont unserer Lebenszeit ausmachen.

Wie bereits erläutert, bestimmt Immanuel Kant in Anlehnung an die aristotelische Denkfigur des unbewegten Bewegers die Freiheit des Menschen als Möglichkeit, selbst der Anfang sein zu können. Dieser Anfang findet sich in einem Bereich des sogenannten *Intelligiblen* außerhalb der Zeit. *In* der Zeit kann der Mensch für Kant nur ein Wesen sein, das in seinem Verhalten Reiz-Reaktions-Schemata unterliegt – deswegen braucht er einen Raum für die Freiheit und Bildung des Menschen, der *nicht* einer kausal-linearen Zeit unterworfen ist. Das betrifft zugleich den Gedanken der Mündigkeit. Denn den Menschen aus kausalen Verfasstheiten herauszubrechen, markiert den Spielraum, in dessen Grenzen der Mensch mündig werden kann. Mündigkeit nimmt ihren Ausgang in der Freiheit, nicht »dermaßen regiert zu werden« (Foucault). Damit ist auch die Selbstzweckhaftigkeit des Menschen angesprochen. Bildung wiedersetzt sich bis heute der ständigen Versuchung, den Menschen als Mittel zu irgendwelchen Zwecken zu ge- und missbrauchen, sie ist als menschenmögliche Praktik der Freiheit ein unverlierbares Recht des Menschen.

Kant denkt also im Zuge aufklärerischen und säkularen Denkens den Menschen als Selbstanfang außerhalb der Zeit. Das Intelligible muss aber nicht das letzte Wort haben! Was, wenn eine solche Freiheit, die der Zeit und damit der Erfahrung enthoben ist, nicht plausibel zu denken möglich ist? Wie kann eine Freiheit des Menschen *in* der Zeit beschrieben werden? Teilt man die kantische Annahme eines unzeitlichen Intelligiblen der Erfahrung somit gerade *nicht*, muss geklärt werden, wie Freiheitspraktiken, Widerständigkeit und Mündigkeit als gleichsam vormals transzendentale Apriori nunmehr a posteriori *innerhalb* des Empirischen und des Kausalen menschliche Perspektiven sind. – Die Antwort: durch eine Verzögerung! Die Freiheit besteht darin, sich zu sich selbst durch die Verzögerung in der Zeit verhalten zu können. Die Verzögerung ist die Bedingung der Möglichkeit von Erfahrung als *Erfahrung in der Zeit*, ihre *Praktiken* die Arbeit an Freiheit und Mündigkeit. Die Freiheit verliert ihre Souveränität, sie wird lebenswirklich zur Verzögerung der unmittelbaren Willensbestimmung, eine Hemmung der Reaktion, die den Spielraum des Nachdenkens und Antwortens eröffnet. Eine kopernikanische Wende der Zeit: Die Bedingung der Möglichkeit von Erfahrung wird zur Wirklichkeit dieser Erfahrung selbst.

Und was macht die Verzögerung aus, diese Art Selbstaffektion der Zeit (Kant), die sich auch in der nicht aufzuhebenden Ambivalenz des *genitivus subjectivus* und *objectivus* findet? Soll Bildung überhaupt möglich sein, bedarf es eines Gestaltungsraumes, der sich durch eine Differenz in der Zeit auftut. Der französische Philosoph Jacques Derrida versucht, diesen Gedanken durch das Wort der *différance* zu fassen. Bildung als eine Verzögerung ist damit kein »unnötiger« Aufschub, sondern eine erfüllte Zeit des Übergangs, eine Zeit, die sich ereignet.

Einen weiteren Hinweis auf die besondere Zeitstruktur von Bildungsprozessen liefert uns Theodor W. Adorno. In seinem Nachlass bemerkt er, dass Bildung ein *Wartenkönnen* ist; der sogenannte Gebildete verkörpert ein Ethos des Wartenkönnens. Das wirkt mitunter befremdlich. Wie kann Warten etwas Positives und gar Sinnvolles sein? Wenn wir heutzutage über das Warten nachdenken, fallen uns vermutlich als erstes die unsäglich langen Wartezeiten wo auch immer ein. Wir warten im Stau, beim Arzt, an der Kasse, am Telefon in eigens geschaffenen Warteschleifen, auf dem Bahnhof usw. Was gibt es Nutzloseres als das Warten? Ist es nicht sogar vermessen zu behaupten, dass ein solches Warten positiven Wunschcharakter und mit der Bildung des Menschen zu tun habe? Im Kontext der permanenten Geschäftigkeit, der radikalen Lebenskürze und einer beschleunigten Lebenswelt kann und soll vor allem das Warten nur noch eine Bedeutung haben: die eines Ärgernisses – nutzlos, überflüssig, ein Defekt im Lebensorganisationssystem. Daher gilt es als besonders erfreulich, wenn Wartezeiten durch ausgeklügelte Logistik und Umstrukturierungen verkürzt werden. Der Ansporn: Beschleunigung und Zeitgewinn, denn auf uns wartet das Leben – und es bestraft uns, wenn wir nicht pünktlich kommen. Das Warten ist aber auch Ausdruck der Stellung im sozialen Raum. Das Privileg der Zeit ist auch das des nicht Wartenmüssens. Der König wartet nicht, er lässt warten. Und zugleich ist Wartenkönnen ebenfalls ein Privileg, Krisen aussitzen zu können, auf ein noch besseres Angebot zu warten; in diesem Sinne Zeit zu haben, ist nicht jedem möglich.

Auffallend ist an den Beispielen, dass wir heute nur noch die Zeit verschwendende Bedeutung von »Warten« kennen. Es ist ein Verstreichen unnützer, leerer Zeit, eine Geduldsprobe, weil man wahrlich Wichtigeres zu erledigen hat. Am schlimmsten scheint zu sein, dass die Zeit nicht in unserer Macht steht, wir müssen uns ihr beugen, verfügen nicht über sie. Derartige Assoziationen sind verständlich, sie verhindern jedoch, dass etwas anderes aufscheinen kann, nämlich die Chancen, die sich erst durch das Warten ergeben können: Durch das Warten kommen wir mit anderen Menschen ins Gespräch, wir holen Luft, schweifen, denken an Dinge, die uns sonst nicht einfielen, bekommen dumme Ideen, wir sind auf uns geworfen, müssen es mit uns aushalten, und vor allem lernen wir das Nichtstun. Irgendwie ist das Warten doch eine Art ästhetische Praxis: Der Wille hat nichts zu wollen (Schopenhauer), er ist kaltgestellt, selbst er muss warten lernen. Das Warten ist schlichtweg eine Entlastung vom permanenten Tun, Dasein und Wollen.

Wenn Adorno einen Zusammenhang von Warten und Bildung herstellt, erinnert er uns vor allem an diese Möglichkeiten des Wartens und mit ihnen an eine reichere Wortbedeutung. So leitet sich der Begriff des Wartens ursprünglich vom Verb *videre* ab und meint ein Schauen, ein Tun des Nichtstuns und ein Aufmerksamsein. Wir kennen solche Ausdeutungen noch in den Worten »Wartburg«, »Sternwarte« oder »Wegwarte«. Und auch unser Begriff der Erwartung enthält diese Konnotation. Unser ganzes Leben ist am Ende nichts anderes als ein wartendes Erwarten: Als endliche Wesen erwarten wir unseren Tod.

Warten sollten wir uns nicht allzu einfach vorstellen. Nichts zu tun und zu warten sind außerordentlich anstrengende Tätigkeiten. Gerade weil das Warten gegen den Druck der Zeit gerichtet ist, widerstrebt es mehr, als auf den ersten Blick angenommen und ist womöglich deshalb so wenig erwünscht. Der Wille will nichts und dadurch werden wir in unserem Denken freigestellt. Die Gerichtetheit unseres Tuns verliert sich. Warten, das ist Zeit ohne Ziel, ein Spiel der Zeit, wie es Friedrich Nietzsche nennt.[68] Das Warten eröffnet Spiel, diesen Spalt, durch den die Zeit uns berührt. Warten heißt Sehen und Zuhören, heißt seine Aufmerksamkeit zu schenken und sich so einzulassen, dass Horizonte entstehen und verwehen: Bildung als Verzögerung – und nicht als kulturelles Über-Ich – ist als Übergang stets ein Zustand der Schwebe, fragil und ohne Widerruf, leidenschaftlich und selbstvergessen. Warten, dass sich etwas zeigt, was wir vorher so nicht gesehen haben, und dass sich Fragen öffnen, deren Antworten nicht schon bereitliegen.

Domestizierte Wartezeiten finden sich oft in Form der *Pause*. Jeder weiß um die Wichtigkeit der Pausen, wenngleich sie meist weniger eine Zeit der Ruhe sind, als vielmehr ein Minimum des Kraftschöpfens. Knapp bemessen sind Pausen im Grunde nicht einmal Auszeiten. Doch obwohl sie in der Regel festen Zeitordnungen unterliegen, verraten sie ihre Möglichkeitsräume: Pausen, egal wie lang, sind Entlastungen und Unterbrechungen. Die wirklich wichtigen und interessanten Dinge ergeben sich in Pausen. Wir spüren die Entlastung vom vorherigen Tun und kommen auf eine Weise miteinander ins Gespräch, die den Pausen eigen ist. Oft werden uns erst in ihnen Sachverhalte deutlicher, in ihnen erhalten wir eine veränderte Sicht auf etwas, zum Beispiel auf Arbeitsprozesse oder das soziale Miteinander. Dann sind sie mitunter die produktivste Zeit.

Die Pause ist eine eigene Zeit, die sich nicht »zergliedern« lässt. Pause heißt nicht Pausieren. Das ist in der Musik nicht anders als im Leben. Das Pausieren liegt nicht in unserer souveränen Verfügung, als könnten wir in den Pausen und im Leben gewissermaßen auf Knopfdruck pausieren. Wir pausieren nur dann tatsächlich, und zwar – in zweifacher Hinsicht – wenn wir uns aussetzen: Indem wir uns aussetzen, öffnen wir uns Menschen, Dingen oder unserem Leben. Das Moment des Pausierens, das jeder Verzögerung innewohnt, verweist übrigens auch auf ein ethisches und politisch-widerständiges Moment der Bildung: Ein Anderer setzt uns aus, greift Raum, fordert Anerkennung. Das Spiel ethischen Handelns kann nur funktionieren, wenn wir uns aussetzen und uns dem Anderen zuwenden. Der Andere wird zum Teil meiner Zeit, die darin eine soziale Zeit ist.

Selbst die politische Dimension der Bildung wird durch das Pausieren sichtbar. Das Wesen des Politischen, folgt man einem Gedanken von Jacques Rancière, ist ein Aussetzen, eine Unterbrechung der, wie er es nennt, polizeilichen Ordnung. Unter dem Begriff Polizei versteht Rancière die Logik der bloßen Verwaltung und Kontrolle, die letztlich auch über die Zeit verläuft. »Politik stellt sich spezifischerweise der Polizei gegenüber. Die Polizei ist eine Aufteilung des Sinnlichen, deren Prinzip die Abwesenheit von Leere und Supplement ist.«[69] Dieser Gebrauch des Wortes »Polizei« ist für uns ungewohnt und irritierend, assoziieren wir mit ihm ja anderes, wenngleich es in seinem Aufkommen im 18./19. Jahrhundert eben diese Bedeutung hat. Historisch betrachtet entspricht die Einschreibung dieser polizeilichen Logik in das Bildungssystem seiner Gründung zu Beginn des 19. Jahrhunderts, in dem der politische Streit um Bildung und Gleichheit in die bis heute andauernde verwaltende Kontrolle und somit Stilllegung des Streits transformiert wird. Die Unterbrechung des Bestehenden markiert den Übergang einer bloß polizeilichen Ordnung der Kontrollgesellschaft hin zum Politischen, das diese Ordnung konterkariert.[70] Die vielfältige Verhinderung von Pausierungen im

Geiste der ständigen Beschäftigung und Weiterbildung sind vor diesem Hintergrund nicht nur Technologien des Selbst mit dem Ziel einer effektiven Anpassung, sondern zugleich Technologien der Beherrschung als Eliminierung des Politischen aus der gesellschaftlichen Praxis. Das Politische ist eine Pause von der polizeilichen Logik, sodass sichtbar wird, was nicht gesehen, sagbar, was nicht ausgesprochen werden sollte. Dieser Zusammenhang ist insofern bedeutsam, weil dadurch verständlich wird, wie derzeit eine ökonomische und polizeiliche Logik durch die Effizienzrationalität der Beschleunigung Bildungsprozesse verhindert.

Für Politik wie für Bildung ist das Pausieren als Form der Verzögerung nie derart, dass nach ihr Altes einfach fortgesetzt werden könnte. Mit ihr ist das Unterbrochene bereits ein anderes. Dieses Merkmal nimmt nunmehr eine letzte Dimension der Verzögerung in den Blick, die *Wiederholung*. Wiederholungen sind mächtig. Wiederholungen verändern etwas allein durch die Wiederholung, unmerklich, still und doch beredt. Was sind Reflexionen, Nachdenklichkeit, Selbstverhältnisse anderes als Wiederholungen?

Platon, der die abendländische Bildungstradition wie kein Zweiter geprägt hat, versteht unter Bildung eine Umwendung des Blicks. Durch diese Umwendung sieht der Mensch die Welt in einem anderen Licht, erkennt das Sein und bleibt nicht dem bloß Scheinenden verhaftet. Der Prozess der Bildung ist dabei mit der Erkenntnis der Ideen verbunden, die allein Wahrheit verbürgen. Wie kommt man zu dieser Erkenntnis? Nach Platon hat unsere Seele die Ideen präexistenziell geschaut, wir wissen also implizit, wonach wir suchen müssen. Das Erkennen der Ideen erfolgt durch die *anamnesis*, eine Wiederholung als Wiedererinnerung. Damit wohnt der Wiederholung das Moment einer veränderten Sicht inne. Das heißt: In der Wiederholung sind die Ideen durch die irdische Färbung für den Wiedererinnernden nicht folgenlos. Kierkegaard unterscheidet die Wiederholung von der bloßen Erinnerung, sofern sich die Wiederholung nicht »rücklings«, sondern »vorlings« erinnere.

Er erläutert die Unterscheidung folgendermaßen: »Wenn die Griechen sagten, alles Erkennen sei Erinnerung, so sagten sie, das ganze Dasein, das da ist, ist dagewesen; wenn man sagt, daß das Leben eine Wiederholung ist, so sagt man: das Dasein, das dagewesen ist, entsteht jetzt.«[71] Eine derartige Unterscheidung von Erinnerung und Wiederholung findet noch in der Psychoanalyse eines Lacans ihre Bedeutung.

Dem Gedanken der Askese *(askesis)* ist dies im Übrigen nicht fremd. Askese im eigentlich griechischen Sinne ist eine Praxis der Übung seiner Selbst als Wiederholung. Gemeint ist eine positive Selbstpraxis der u. a. geistigen Übung, in welcher der Mensch sich zunehmend selbst bewusst wird. Wir gehen zurück auf einen Gedanken und denken ihn »nach«, wir wiederholen uns, nehmen ein kritisches Ethos ein, wenn wir über unsere Gewordenheit reflektieren, unser Denken denken, unser Sehen sehen, unser Hören hören usw. Wir erhalten ein anderes Verhältnis zu uns. Die Wiederholung ist eben keine »Einerleiheit« (Thomas Mann, *Der Zauberberg*), sondern ein ungleiches Gleiches.

Wie die Kunst nicht erst seit ~~seit~~ Duchamp, Magritte oder Warhol deutlich macht, ist Wiederholung vertiefte Auseinandersetzung und zugleich ihre Rücknahme; Kunst ist die Praxis der Verzögerung per se. Augenfällig wird die Verzögerung als ästhetische Praxis durch das antike Theater. Auch das Theater enthält die Nähe zur Wiederholung und zum Schauen *(thea)*. Das Gesehene wird noch einmal gesehen – die Wiederholung des Sehens als Verzögerung. Das Publikum kennt die Stoffe bereits. Man weiß, wie es mit Antigone endet. Theater ist eigentlich nichts anderes als Wiederholung. Aber es ist trotzdem nicht langweilig, denn es geht hier um eine gesellschaftlich-soziale Verzögerungspraktik. Das Wissen-wie-gehandelt-wird führt in der Darstellung zu einem Wissen davon, was die Gemeinschaft, die *polis* tut, wenn sie agiert, wie sie es tut. Das Wiederholte verändert in der Wiederkehr seinen Sinn.

Gerade Sinnstiftungen sind dem Prozess der Verzögerung geschuldet. Wir verfangen uns in dem, was wiederholt wird und im Wiederholen bereits verschwindet. Wir dürfen uns aber diesen Prozess nicht als souveränen Handlungsakt vorstellen, als könnten *wir* wiederholen. Die Wiederholung, die die Verzögerung ausmacht, ist ein Übergang, ein Werden, eine Form der sinnstiftenden Wahrnehmung, die sich selbst fraglich wird und den Grund unserer Erfahrungen bildet. Wiederholung, das ist der Rhythmus unseres Denkens. Das Leben ist eine Wiederholung, eine Wieder-Erinnerung.

Mit der Bildung als Verzögerung finden wir ein Verständnis von Zeit, das sich der Rationalitätsform der irreversiblen Linearität – wie auch immer gestaltet durch Kausalität, Sukzessivität, Teleologie usw. – versperrt. Diesen Gegensatz pointiert Max Horkheimer, wenn er vermerkt, dass der Prozess der Bildung gegenwärtig in den der *Verarbeitung* umgeschlagen sei und die Verarbeitung dem Gegenstand keinerlei Zeit lasse. Die kurzen, »geraden« Verbindungen sind gewünscht, die schnellen Wege erfahrungsabstinent, reflexionsresistent. Friedrich Nietzsche nennt in seinen Vorträgen »Über die Zukunft unserer Bildungsanstalten« aus dem Jahre 1872 eine derartige Bildung »rasch« und »zeitgemäß«, weil sie sich affirmativ dem Zeitgeist andient und die Hure der Volkswirtschaft ist. »Jede Bildung ist hier verhaßt, die einsam macht, die über Geld und Erwerb hinaus Ziele steckt, die viel Zeit verbraucht: man pflegt wohl solche andere Bildungstendenzen als ›höheren Egoismus‹ als ›unsittlichen Bildungsepikureismus‹ abzuthun. Nach der hier geltenden Sittlichkeit wird freilich etwas Umgekehrtes verlangt, nämlich *rasche* Bildung, um schnell ein geldverdienendes Wesen werden zu können und doch eine so gründliche Bildung, um ein *sehr viel* Geld verdienendes Wesen werden zu können.«[72] Am Ende gibt es keine keusche Hure, und es muss klar sein, dass Bildung in der Struktur der Verzögerung schlichtweg einer anderen als dem berechnenden Kalkül folgt, das die Beherrschung von Zeit als Dogma setzt. Der lebensabstrahierten Linearität sind jedwede Verzögerungen fremd, sind sie alles andere als lohnenswert, Umwege sind kostspielig. Der direkteste Weg ist der kürzeste, der effektivste.

Verzögerungen sind Entlastungen vom Seinmüssen und Hinwendungen zum Seinkönnen, mit dem sich neue Denkbewegungen eröffnen. Wir brauchen Umwege, Irrtümer und Irrwege. Sie gehören zum Wagnis des Lebens. Selbst das, was wir gelegentlich Kultur nennen, wäre ohne die Verzögerung undenkbar, und der Umgang mit sogenannten Kulturgütern ist nichts anderes als eine Praktik der Verzögerung (Blumenberg); Kulturgüter sind Umständlichkeiten, welche die schnellen und naiven Lösungen des Menschen verhindern, durch die die Menschen auf Distanz zur Welt gehen und sie dadurch zuallererst verstehen lernen.

»Dagegen gewinnt seit langem der Gedanke an Boden, die technische Welt brauche trainierte, sachgemäß reagierende, aber nicht ihre Funktionszusammenhänge allseitig durchschauende Funktionäre. Immer weniger Leute werden wissen, *was* sie tun, indem sie lernen, *weshalb* sie so tun. Die Handlung verkümmert zur Reaktion, je direkter der Weg von der Theorie zur Praxis ist, der gesucht wird. Der Schrei nach der Eliminierung ›unnützen‹ Lernstoffes ist immer der nach ›Erleichterung‹ der funktionellen Umsetzungen.«[73]

Die Beschäftigung mit Kunst, Literatur und Musik, Sprache, Religion, Wissenschaft, Recht, Ökonomie und Geschichte, Natur und Technik ist immer die Beschäftigung des Menschen mit sich selbst, seinem Denken, seinen Gefühlen und den Formen ihres Ausdrucks. Es geht also bei der Bildung des Menschen nicht um die Anhäufung historischen Wissens, um als gebildet zu gelten, sondern um ein vielseitiges Interesse für diejenigen Fragen, die zur Orientierung wichtig sind und auf die Menschen gemeinsame Antworten als Sinnentwürfe suchen. Allerdings haben diese Umständlichkeiten einen Nachteil: sie sind umständlich und sperren sich der bloßen Verarbeitung. Wie könnte man Antigone gewinnbringend unterbringen, was nutzt der Faust eigentlich, was die Beschäftigung mit der kopernikanischen Wende oder der Unschärferelation? Die Auseinandersetzung mit kulturellen Inhalten kann keine lediglich zweckdienliche sein, weil sie just in diesem Moment ihre kostbare und überlebenswichtige Funktion der Verzögerung nicht mehr erfüllt. Es ist naiv zu glauben, eine Gesellschaft wäre ohne Kultur überlebensfähig. Bildung als Verzögerung lebt gerade auch vom scheinbar Unnützen.

Halten wir fest: Die Verzögerung der Zeit ist keine Reproduktion des Identischen, kein Immergleiches, sondern die Zeit des Nicht-Identischen, und sie ist schöpferisch, weil sie im Spiel der Differenz die Welt der Möglichkeiten erahnt. Zugleich wird deutlich, dass der Mensch in seiner Reflexion zu spät kommt, weil er sich stets voraus ist. Daher machen wir Erfahrungen, die notwendig sind für Bildung, auch erst durch und als Verzögerungen der Zeit. Genau genommen ist sie die Bedingung der Möglichkeit von Erfahrung in der Zeit: Praktiken der Verzögerung – in ihren vielfältigen Formen – sind die Arbeit an Freiheit und Mündigkeit.

Am Ende ist unser Selbstverhältnis nur ein Bezug zur Zeit. Im Moment der Verzögerung – im Warten, Pausieren und Wiederholen – entstehen Spielräume für Bildungsprozesse, in denen der Mensch antwortet. Als Antwortender ist der Mensch kein *unbewegter*, sondern ein *bewegter Beweger*, der verzögernd bewegt; jemand, der im Wege steht, der durch Nachfragen unbequem ist, den reibungslosen Ablauf stört. Die unmittelbare Reaktion wird gehemmt und verhindert. Etwas, das auf den Fortgang nahezu drängt und den Abschluss sucht, wird angehalten, sodass eine andere Ebene der Sicht erklommen wird, Sinn sich in seiner Fragilität und Abgründigkeit zeigt. Die Verzögerung markiert als Grenzphänomen den Übergang vom bloßen Zweck hin zur Frage nach seiner Bedeutung. Selbstverständliches wird plötzlich undurchsichtig und lässt sich nicht unmittelbar in eine Ordnung des bereits Gedachten einfügen. So liegt das Wesen des Verzögerns im Offenhalten von etwas, das ohne es abgeschlossen wäre. In der Verzögerung als Antwort weitet sich der Raum, in dem das Fragliche in einer neuen Dimension erscheint. Gibt es etwas, was die eigene Welt durchbricht, die Perspektivität der eigenen Sicht verdeutlicht und herausfordert? Der Mensch lernt, indem er die Dinge anders sieht.

Denken wird zum Durch-Denken, das Zeit braucht, sich in Zeit erstreckt, ohne vorgegebene Lösungen. Verzögerung ist gerade kein lästiger Zeitaufschub. Wo Fragen gestellt werden, wird Offenheit eingerichtet. In Verzögerungsprozessen werden die Gestaltungsräume aufgetan, die eine Frage bewahren und so über die Gegenwart hinausragen. Wir haben zu unserem Leben nur ein verzögertes Verhältnis, das sich der Gegenwärtigkeit entzieht. Dies hat radikale Konsequenzen für die Weise, wie wir unser Leben führen können.

Uhrwerk

Kapitel 8

Vom lebenslangen Sterben

Wir haben zur Welt und zu uns nur die Hintertür. Das Selbst, diese Begleiterscheinung unseres Lebens, das Glück und Trauer beschert, ist ein Verhältnis zu sich als einem gegenwärtig Vergangenen. Bildung – so liest man allenthalben – müsse sich auf die Zukunft hin ausrichten. Am Ende aber hat Bildung gerade nicht zukunfts-, sondern vor allem vergangenheitsfähig zu machen. Es geht mit ihr weniger um die gegenwärtige Zukunft, die nie sein wird, als um die künftige, bald vergangene Gegenwart. In dem alltagssprachlichen Begriff der Rücksicht und der Rücksichtnahme klingt dieser Gedanke nach. Wir sollten demnach rücksichtsvoll miteinander umgehen, mit Rücksicht unser Leben führen. Wir wenden unseren Blick.

Seit der Antike wird mit Bildung die Möglichkeit gedacht, dass Menschen ihre Lebenszeit angemessen gestalten, ein *gelingendes Leben* führen. In dieser Form über Bildung und Zeit nachzudenken erfordert, das Leben in all seinen Dimensionen in den Blick zu nehmen. Gemäß der antiken Vorstellung ist das Führen eines guten Lebens mit der erfreulichen Nebenwirkung verknüpft, dass der Mensch glücklich wird. Das klingt ebenso einfach wie unglaubwürdig. Strebt der Mensch nicht beständig nach Glück, ohne Rezept und Erfolg? Es scheint zunächst, als seien wir als endliche Wesen nicht für das Glücklichsein vorgesehen – dessen ungeachtet liegt gerade in unserer Endlichkeit der Schlüssel. Nur als endliche Wesen erreichen wir Glück, als das Gefühl der Ewigkeit inmitten der Endlichkeit. Trotzdem ist das kein Kausalverhältnis; der Weg ist anstrengend und hat mit Bildung zu tun: Wir müssen eine rechte Haltung zur Welt und unserem Leben finden.

Diese Haltung bedarf, folgen wir Aristoteles, der Besonnenheit und Klugheit. Glücklich werden wir durch ein tugendhaftes Gut-Sein, durch eine Art Vortrefflichkeit. »Nun ist zu fragen, welches die beste Verfassung [...] ist. Denn das ist seine jeweilige Tugend. Die Tugend wiederum bezieht sich auf die eigentümliche Leistung.«[74] Die angesprochene Tugendhaftigkeit ist hier nicht auf Moral bezogen. Für Aristoteles kann auch ein Eimer tugendhaft sein. Er ist es dann, wenn er gut ist, d.h. keine Löcher oder sonstige Defekte hat und im Rahmen seines »Eimerseins« als vortrefflich bewertet werden kann. Im Gut-Sein geht es folglich darum, dass etwas in dem, was es ausmacht, seine Bestform zum Ausdruck bringt, vorzüglich ist. Und wie sieht es beim Menschen aus? Wann hat er ein Gut-Sein? Gut zu sein heißt, dass wir etwas gut machen, in unserem Falle, gut leben, im Menschsein nicht versagen. Solche Tugend erlangen wir, indem wir ebenso *handeln*. Aristoteles gibt dafür ein Beispiel: Der Mensch lernt die Tugend der Tapferkeit durch tapferes Tun; im Tun zeigt sich, ob wir tatsächlich gut und tugendhaft sind. Dabei spielt das rechte Maß eine große Rolle. Das gelingende Handeln bewegt sich in der maßvollen Mitte zwischen zwei möglichen Extremen. Es gibt »bei den Handlungen Übermaß, Mangel und Mitte. Die Tugend wiederum betrifft die Leidenschaften und Handlungen, bei welchen das Übermaß ein Fehler ist und der Mangel tadelnswert, die Mitte aber das Richtige trifft und gelobt wird. Und diese beiden Dinge kennzeichnen die Tugend. So ist also die Tugend ein Mittelmaß, sofern sie auf die Mitte zielt.«[75] Diese Mitte der Handlung zu treffen, obliegt der klugen, verzögerten Überlegung – kaum der unmittelbaren Reaktion. Gutes Handeln ist so etwas wie Bogenschießen.

Das Gut-Sein müssen wir im Leben üben, wir müssen das Leben erst lernen. Im Gut-Sein steht unser Menschsein auf dem Spiel. Wer sind wir eigentlich? Eben das kann sich nur durch das jeweilige Tun zeigen. Unser Leben wird am Ende zu einem Werk, an dem wir beteiligt sind. Es gelingt dann, wenn wir in unserem Menschsein Bestform erlangen, jeder so wie er kann. Und das spezifisch Menschliche, dieses Eigentümliche, das, was unsere Existenz von Grund auf hinterrücks bedingt und in dem die möglichen Spezifika wie Sprache, Vernunft, Bewusstsein aufgehoben sind, ist allein unsere *Endlichkeit*. Der Mensch ist endlich, es ist sein Wissen um die Sterblichkeit, sein Gewahrwerden der Lebensgrenzen, seine Erfahrung, dass sich Zeit lebt, dass wir älter werden, reifen, Zeiten sammeln. Das

Leben steht vor der Unausweichlichkeit des eigenen Todes, mit dem wir eine Haltung zur Lebenszeit finden müssen. Endlichkeit, das ist nichts anderes als das Eins-Sein von Leben und Sterben, sie ist die Bedingung unserer Freiheit – die Möglichkeit von Lebenssinn überhaupt. Vielleicht gibt es die tiefe menschliche Intuition, dass die Götter die Menschen wegen dieser Endlichkeit beneiden könnten – denn nur ein endliches Leben ist nicht gleichgültig. Was wären wir ohne die Zeit? Wie sähe unser Leben aus, wären wir unsterblich? Wäre das Leben nicht sinnlos? »Nur die Endlichkeit unserer Existenz verleiht jedem Augenblick, jedem Tag, jeder Geste, jeder Handlung, jedem Plan, jeder Hoffnung menschlichen Charakter, Bedeutsamkeit, Gewicht. Nur im Bewusstsein solcher Endlichkeit und Begrenztheit erleben wir die Mitmenschen und uns selbst als deutlich konturierte, reale Wesen. Das Unendliche und Grenzenlose, von dem wir so gerne träumen, entzieht sich unserer Erfahrungsmöglichkeit, eigentlich sollte uns vor ihm grauen. Ein unsterblicher Mensch wäre ein Monstrum. Nur als Endliche können wir unseren Gefühlen, Taten, Plänen Gewicht und einen unaufhebbaren Ernst verleihen, wie kein Unsterblicher es vermöchte.«[76]

Die Endlichkeit ist in jedem Atemzug Bedingung unseres Daseins. Genau in diesem Sinne hat der antike Philosoph Seneca das gelingende Leben in Bezug auf die Zeit, auf die Endlichkeit gedeutet. Zeit und Endlichkeit sind ihm kein Defizit menschlichen Seins, das der Selbstoptimierung bedürfte. Vielmehr hängt am Umgang mit der Endlichkeit und der Zeit die Frage nach dem erfüllten Leben. Glücklich werden wir, sofern es uns gelingt, zu unserer Zeit ein Verhältnis zu bekommen, das die Endlichkeit als unsere Auszeichnung im Menschsein zu begreifen lernt. Gestaltungen von Zeit sind Einübungen in das Leben, das wir meistern müssen. Unsere Welt – und wir mit ihr – ändert sich von Grund auf, wenn wir lernen, mit Zeit anders umzugehen, wenn wir verstehen, was es heißt, endlich zu sein. Die Zeit ist nun einmal tief in unserer Weise der Wahrnehmung und des Denkens verwurzelt. Sie ist unser Freund, nicht unser Feind. Die Zeit, als Freund, sollte das Maß sein. Sie lehrt uns, Wichtiges und Unwichtiges voneinander zu scheiden. Gehen wir mit unserem Freund richtig um? Derzeit nutzen wir ihn aus, betrachten ihn als Mittel, treiben ihn an, entziehen ihm Welt und Lebenssinn, vermessen ihn und erwägen seinen Wert.

Über die Einsicht in die Endlichkeit vereint sich die Frage nach Bildung und dem gelingenden Leben zugleich mit dem Faktum, dass wir *ein Leben lang sterben*. Leben zu lernen heißt folglich sterben zu lernen, sterben zu lernen heißt leben zu lernen. Die heile Welt, in der unser Tod und unser Sterben kaum sichtbar werden, wird brüchig, die heiligen Kühe werden magerer. Unser Leben richtet sich schlichtweg anders aus – die Zeitverläufe drehen sich: Wir schauen nicht nach vorne auf unseren Tod, sondern nach hinten auf ihn. Jetzt wird deutlich, was es heißt, von der Liquidierung der Herkunft in der Kontrollgesellschaft zu sprechen, die Verdrängung des Sterbens par excellence. Es ist eben kein Ende vorgesehen. Der Tod und das Sterben gehören für uns heute nicht zum Leben, und wir unternehmen alles, um nicht an sie erinnert zu werden. Während einst Religionen das Sterben begleiteten, ist es heute die Medizin. Selbst das Sterben verläuft kontrolliert. Der Umgang mit dem Tod ist kulturell und zu allen Zeiten sehr unterschiedlich betrachtet worden und sagt viel über das jeweilige Verständnis der Lebenszeit aus. Unser Bestreben ist es, ihm inmitten unseres Lebens möglichst keine Aufmerksamkeit zu widmen. Der Tod wird an den Rand unserer Existenz gedrängt, kaserniert. Das Sterben wird ausschließlich mit dem Tod in Verbindung gebracht, nicht aber mit dem Leben.

Die Zeit hat ihren Wert, wenn wir verstehen, dass wir nicht plötzlich und am Ende unseres Lebens sterben, sondern täglich. Die Lebenskunst ist eine Kunst des Sterbens, eine Ästhetik der Endlichkeit. Im Angesicht der Endlichkeit kann unser Leben gelingen, wenn überhaupt. Seneca geht es darum, das Leben zu bemeistern, und zwar unter den Bedingungen radikaler Kontingenz. Wir sind halt keine Götter, die Anfang und Ende miteinander verbinden können, wir müssen stattdessen immer wieder anfangen und enden, einander begrüßen und verabschieden, im Leben gewinnen und verlieren. Das Leben ist eine Herausforderung, unwägbar, unberechenbar. Es sei töricht, so Seneca, dass wir unser Leben verplanen, ohne dass wir des nächsten Tages Herr sein können. Wie weit reicht denn unsere Zukunft? Wir verschieben unser Leben.

Bildung als Versuch des gelingenden Lebens muss stets eine Sorge um die Zeit sein. Dabei umfasst sie mehr als die eigene Zeit. Der Mensch kann kein richtiges Leben in einem falschen führen (Adorno). Es geht auch um die Zeit der Anderen und um die gesellschaftlich-politische Gegenwart, um eine Zeit des Wirkens, die Spuren hinterlässt. Ziel ist es, ein gutes Leben hinzubekommen – und das ist nur denkbar, wenn wir tatsächlich Zeit gestalten, sie leben, ihre Möglichkeiten wahrnehmen, mit wenigen Worten: nicht etwa ihr Sklave sind. Sklave werden wir vor allem, wenn wir uns der Illusion hingeben, Herr der Zeit zu sein. Freiheit ist die beste Tarnung der Unfreiheit.

Wie gewinnen wir Freiheit? Für Seneca ist es wichtig, keine Angst vor dem Tod zu haben und mit der Unsicherheit des Lebens leben zu lernen. Der Tod liegt nicht mehr vor uns, sondern ist Teil unseres Lebens, das wir lieben könnten. »Wen wirst du mir zeigen, der irgendeinen Wert der Zeit beimißt, der den Tag zu schätzen weiß, der einsieht, täglich sterbe er? Darin nämlich täuschen wir uns, daß wir den Tod vor uns sehen: ein großer Teil davon ist bereits vorbei. Was immer an Lebenszeit in der Vergangenheit liegt – der Tod besitzt es. Tue also, mein Lucilius, was du zu tun schreibst – alle Stunden fasse mit beiden Armen. So wirst du weniger vom Morgen abhängen, wenn auf das Heute du die Hand legst.«[77] Am Ende läuft es auf eine Haltung zum Leben hinaus, die nicht dem Sicherheitsdispositiv erliegt, das Angst erzeugt, sondern uns lehrt, mit der Unwägbarkeit zurechtzukommen. Dazu gehört, dass wir unsere Kraft nicht auf Dinge verschwenden, die nie passieren werden; und ferner, nicht bei Dingen verharren, die wir nicht mehr ändern können, da sie bereits geschehen oder schlichtweg nicht in unserer Verfügung stehen. Das wenige, das wir gestalten können, müssen wir zu erkennen lernen, verbunden mit dem Mut, es in die Hand zu nehmen. Wir verbringen unsere Zeit mit unwichtigen Dingen.

Das Leben ist nichts anderes als eine andauernde Beschäftigungstherapie. In diesem Sinne erfolgt in den *Epistulae morales* der Rat: »So handle, mein Lucilius: nimm dich für dich selbst in Anspruch, und die Zeit, die dir bis jetzt entweder weggenommen oder entwendet wurde oder einfach verlorenging, halte zusammen und behüte. Sei überzeugt, es ist so, wie ich schreibe: manche Zeit wird uns entrissen, manche gestohlen, manche verrinnt einfach. Am schimpflichsten dennoch ist ein Verlust, der aus Lässigkeit entsteht. Und, wenn du darauf achten wolltest: der größte Teil des Lebens entgleitet unvermerkt, während man Schlechtes tut, ein großer Teil, während man nichts tut, das ganze Leben, während man Belangloses tut.«[78]

Wir haben unsere Zeit zu sammeln, unsere Stunden zu »umarmen«. Für Seneca ist Zeitgewinn ein Erfahrungsgewinn. Als quantitative Größe ist die Zeit darin kaum zu fassen. Es kommt nicht auf die Frist des Lebens an, sondern vor allem darauf, was wir tun, was wir mit diesem Leben anfangen, welche Dinge uns wichtig sind, ob wir unsere Zeit erfüllen können. Was wäre ein langes Leben wert, wenn unsere Zeit lediglich durch uns hindurchführe, wir bloß existierten.

Unsere hilflosen Versuche der Lebenszeitverlängerung lassen unser Endlichkeitsproblem ungelöst. Ein langes – genauso wie ein kurzes – Leben ist keineswegs durch die Frist sinngeschwängert. Wir haben diese *eine* Lebenszeit, wir können unser Leben nicht anprobieren wie Kleidungsstücke oder Schuhe, mit denen wir dann eine Zeit lang laufen, um sie schließlich zurückzugeben, weil sie doch nicht passen. Ja, wir können uns unsere Kleider und Schuhe nicht einmal aussuchen. Der Mensch hat für sein Leben keine Gebrauchsanweisung, ebenso wenig lässt es sich delegieren. Bildung wird zur Erprobung, zum Ermessen seiner selbst angesichts der Endlichkeit.

Das lebenslange Sterben ist und bleibt eine irdische Angelegenheit. In ihm geht es um ein rechtes Leben, das befristet ist.

Zugleich markiert es eine kritische Haltung, die sich gerade als widerständig gegenüber den Zeitregierungen und den Anpassungen an das Lebenszeitregime erweist. Sie ist keine auf Dauer gestellte Selbstkontrolle defizitärer Lebenshaltungen mit dem Ziel ihrer letztlich ökonomischen Effizienzsteigerung unter der Annahme der schlichten Verfügbarkeit von Zeit. Das Leben ist ein Widerfahrnis, die Lebenszeit ist in ständiger Gefahr »geraubt« zu werden, daher bedarf es der Aufmerksamkeit auf uns, wir müssen achtgeben, wie wir unsere Zeit führen, nicht als Gewissensinspektion der Lebenszeit, sondern als Achtsamkeit gegenüber den Tätigkeiten des Tages. Welchen Tätigkeiten wir dann welches Gewicht zumessen oder zuerkennen, ist eine zweite Angelegenheit. Seneca sieht die Möglichkeit der Gestaltung der Lebenszeit durch eine Verzögerung der Zeit qua aufstellender »Buchführung« – eine Praktik der Wiederholung. Damit ist eine Selbstregierung ohne Weltverlust angesprochen, eine Selbstaufmerksamkeit, die das Ziel verfolgt, größere Freiheitsräume zu erlangen und nicht vorgegebenen moralischen Codes zu folgen oder sich von weltlichen Lüsten zu reinigen. Gegenwärtig kann eine solche Bilanzierung, welche die Aufgabe hat, die Mechanismen der Abschaffung der Zeit aufzuklären, nur in eine Gesellschafts- und Kulturkritik münden. Das lebenslange Sterben ist also nicht nur ein Bedenken der Endlichkeit, sondern ein kritisches Ethos, das um Freiheit und Mündigkeit ringt.

Das Gegenteil der Kontrolle ist die *Gelassenheit* und damit die wichtigste Voraussetzung für die menschliche Bestform in der Endlichkeit. Sie bedingt die Klugheit und Besonnenheit. Unter Zeitdruck und in Bedrängnis wird es uns schwerfallen, kluge und wohl abgewogene Entscheidungen zu treffen. In der Gelassenheit verabschieden wir uns von dem Anspruch, alles kontrollieren zu müssen, dem Kontrollblick der Anderen oder gar seiner selbst ausgesetzt zu sein. Das klingt – wie so vieles – einfacher, als es ist. Auch Gelassenheit muss geübt werden. Die Schwierigkeit besteht in der Richtungsänderung unseres Denkens. Seine Geschichte zu reflektieren ist ein Denken an den eigenen Grenzen, verbunden mit dem Ziel, auch anders denken zu können, als es unter Zeitdruck gelingen kann. Wir müssen vorwärts leben, wir verstehen aber unser Leben nur im Nachhinein (Kierkegaard).

Gelassenheit ist die Freundschaft mit der Zeit. Uns loslassen, uns von uns zu entlasten, uns selbst nicht wichtigerzunehmen, als wir sind, und uns der Welt zuzuwenden, sind Umschreibungen dessen, was wir unter Gelassenheit verstehen: Sich so sein zu lassen und die Entlastung vom Seinmüssen. Von sich zu lassen schafft den kleinen Freiraum, den wir brauchen, um einen klareren Blick auf die Welt und uns zu bekommen. Der Gelassene sieht mehr, erkennt Möglichkeiten für sich und die Welt. Bildung. Sehen lernen, was geht.

Gelassenheit heißt nicht – so oft das Missverständnis – Passivität und Ruhe, auch nicht – wie im Christentum – die Selbstaufgabe in der Hinwendung zu Gott. Gelassenheit ist eine Form der Erkenntnis! Sie ist als Haltung der erkennende Umgang mit dem, was nicht in unserer Macht steht, der Umgang mit der Zeit als dem Unverfügbaren schlechthin. Nur in der Gelassenheit sind wir weder Herr noch Knecht der Zeit, können wir sie gestalten, weil sie sich zeigt. Die Gelassenheit allein verhilft zu einem glücklicheren, gelingenden Leben. Wir haben in dieser Haltung Zeit, weil wir uns nicht bedrängen; sie wird uns nicht entzogen, sie ist einfach da: »Nichts ist elender als die Ungewißheit, wohin das Kommende laufen wird. [...] Wie werden wir uns dieser Beunruhigung entziehen? Allein dann, wenn unser Leben sich nicht auf die Zukunft ausrichtet, sondern sich auf sich selbst konzentriert.«[79] Lebenslang zu sterben bedeutet, dass sich der Weg beim Gehen verändert und jeder Tag der letzte sein könnte, also bedacht sein muss, wir werden eben nur einmal geboren (Epikur).

Der Spielraum der Hoffnung, den wir immer haben, so klein er auch sein mag, ist die Gelassenheit. Unsere »Musszeit« sollte zur »Kannzeit« (Blumenberg) werden. Es gibt immer eine zweite Möglichkeit, allein der Tod entbehrt diese Option. Die Haltung der Gelassenheit besteht darin, verschiedene Wege zu sehen. Die Wirklichkeit bedrängt, fordert, drückt, nötigt. Gegenwärtigkeit im Leben haben wir in den Handlungsformen, die wirklich sind. Das ist nicht mit allem Erdenklichen gleichzusetzen: »Sie litten alle unter der Angst, keine Zeit für alles zu haben, und wussten nicht, dass Zeit haben nichts anderes heißt, als keine Zeit für alles zu haben.«[80] Im Gegenwärtigen die in ihr liegenden, gerade nicht unendlichen Chancen zu erkennen, diese Wirklichkeit nicht als unbeweglich, sondern als Feld von Möglichkeiten und Unmöglichkeiten zu begreifen, ist Kern der Gelassenheit, oder wie es Robert Musil, der Meister der Möglichkeiten, beschreibt:

»Er kann, wenn er seine Empfindungen überwacht, zu nichts ohne Vorbehalt ja sagen; er sucht die mögliche Geliebte, aber weiß nicht, ob es die richtige ist; er ist imstande zu töten, ohne sicher zu sein, dass er es tun muß. Der Wille seiner eigenen Natur, sich zu entwickeln, verbietet ihm, an das Vollendete zu glauben; aber alles, was ihm entgegentritt, tut so, als ob es vollendet wäre. Er ahnt: diese Ordnung ist nicht so fest, wie sie sich gibt; kein Ding, kein Ich, keine Form, kein Grundsatz sind sicher, alles ist in einer unsichtbaren, aber niemals ruhenden Wandlung begriffen, im Unfesten liegt mehr von der Zukunft als im Festen, und die Gegenwart ist nichts als eine Hypothese, über die man noch nicht hinaus gekommen ist.«[81]

Im Wirklichen das Mögliche ausmachen, nur so verhalten wir uns zur Zeit, die Übergang ist – Potenzialität und Aktualität, Werden und Vergehen. Vorausschauend zu leben ist nicht zu trennen von der Haltung zur Gegenwart. Wir leben zwischen den Zeiten, zwischen Vergangenem und Zukünftigem. Die Gegenwärtigkeit ist stets das Ganze des Zeithorizonts, das Spiel zwischen den Zeiten. Die Welt schwankt und wir mit ihr. In der Gelassenheit geben wir dem vermeintlich Wirklichen und scheinbar Unveränderbaren die Veränderbarkeit in der Vielfalt zurück, die in der Ordnung das Außerordentliche sucht: Wir brauchen eben nicht allein den Wirklichkeitssinn, der das Faktische nur bejahen kann, sondern vor allem den Möglichkeitssinn, der erfinderisch ist, kritisch und spielerisch. Es kommt doch darauf an, im Wirklichen das Mögliche zu sehen, und diesem Möglichen eine Wirklichkeit zu geben.[82]

Im Wandelbaren statt im Unwandelbaren liegt unsere zukünftige Gegenwart. Das Leben ist eine Hypothese, die Zeit ihr Wahrheitsgehalt. Wir machen aus unserem Leben ein Werk, ein Essay, leben essayistisch (Musil). Wir müssen uns in unserer Gewordenheit als Herkunft verstehen, in unseren Möglichkeiten, die nie wirklich wurden, in unseren Wirklichkeiten, die nie möglich waren, von allen Seiten unser Leben und die Welt betrachten, verzögernd, langsam, genau, von sich pausieren, wiederholen, warten, was sich zeigt, sichtbar machen, was nicht gesehen werden soll. Essayistisch zu leben heißt, Umwege zu sehen. Lebenslanges Sterben heißt zu verstehen, dass diese Umwege das Leben sind. Gelassenheit heißt den Mut zu haben, diese Umwege zu gehen. Nichts steht fest: Zeiten. Eine Sammlung von Zeiten, die wir sind. Bewegte Beweger. Das Leben in der Endlichkeit braucht Leichtigkeit, die Schwester der Gelassenheit, der Duft des Handlungsreichtums.

Wir können der Welt nur spielerisch begegnen, müssen lernen, uns von uns zu entlasten; denn wir sind uns zu schwer. Wir müssen aufhören, die Welt zu kontrollieren, weil wir sie sonst verlieren, weil wir verlernen, sie zu gestalten. »Wir müssen zeitweilig von uns ausruhen, dadurch, dass wir auf uns hin und hinab sehen und, aus einer künstlerischen Ferne her, über uns lachen oder über uns weinen [...] Und gerade weil wir im letzten Grunde schwere und ernsthafte Menschen und mehr Gewichte als Menschen sind, so thut uns Nichts so gut als die Schelmenkappe: wir brauchen sie vor uns selber – wir brauchen alle übermüthige, schwebende, tanzende, spottende, kindische und selige Kunst, um jener Freiheit über den Dingen nicht verlustig zu gehen, welche unser Ideal von uns fordert.«[83]

Werden wir gelassen, als Menschen, als Gesellschaft, als Kultur. Die aufgescheuchte Herde ist stets blind.

Atomuhr CS-2 der Physikalisch Technischen Bundesanstalt in Braunschweig

Kapitel 9

Wider die Verdummung

Der Bildung des Menschen wird derzeit große Beachtung geschenkt. Eine Diskussion aber, was Bildung eigentlich ist oder bedeuten kann, erscheint dagegen gänzlich überflüssig, ja wenig gewünscht. Stattdessen werden im Handstreichverfahren die Schulen und Universitäten »bildungs-reformiert« und der lückenlosen Verwaltung, der permanenten zeitlichen Kontrolle unterworfen. Und genau das ist Ziel der gegenwärtigen Kontrollgesellschaft ebenso wie ihr Bestimmungsmerkmal. Während beispielsweise die Disziplinargesellschaft ihre Macht vorwiegend über den *Raum* ausübt, sodass feststeht, wer sich wo aus welchem Grund aufhält, strukturiert und organisiert die *Kontrollgesellschaft* ihre Führungen über die *Zeit*. Ihr sind unsere Lebensführungen und unser Umgang mit Zeit wichtig. Dabei geht es in einer Kontrollgesellschaft vor allem darum, dass keiner mit etwas fertig wird und auch nicht werden soll.[84] Der Habitus des *lebenslangen Lernens*, der ständigen Weiterbildung als das Nichtfertigwerden schlechthin, wird zum Lebenszeitregime. Unsere Unfertigkeit, begründet im Fortschrittsglauben des 18. Jahrhunderts, wird nun zum Dauerzustand. Dass wir mit nichts abschließen, gehört zur Kontrolle. Es geht immer noch besser. Dadurch treiben wir uns stetig neu an und funktionieren in dieser Motivation perfekt.

Geschürt wird der Drang durch die vielleicht seit jeher effektivste Form der Machtausübung – vom Fegefeuer bis zur Arbeitslosigkeit: durch suggerierte *Unsicherheit* und *Unvorhersehbarkeit*.[85] Zeitdispositive – ein Bündel von Zeitsteuerungsformen – leben gerade von diesen Ungewissheiten. Mit ihnen wird eine Machtstruktur etabliert, die das gegenwärtige Leben stets verschiebt. Wir werden entscheidungslos und verlieren an Orientierung. Das Navigationssystem, das uns durch das Leben führt, kennt nur noch Zwischenziele – Ziel ist das Immerweiter. Im Nichtfertigwerden haben wir das Verständnis für das »Ganze« verloren. Die Taktung zergliedert und zersprengt den Sinnhorizont. Wenn es keinen Reflexionsraum des Ganzen mehr gibt, können leere Zeit-Einheiten aneinandergereiht werden. Dann richtet sich das freigesetzte und selbstverantwortliche Subjekt nach normierten Taktungen aus.

Die Lebenszeit wird modularisiert. Wir bringen nichts mehr zu Ende, die Dinge laufen aus. Das Leben wird zum *fade out*; und selbst danach geht es weiter, auch ohne uns. In einer linear vorgestellten Zeit gibt es kein Ende. Die Lebenszeit verliert jegliche Struktur, alles fließt dahin, dümpelt, bis es verblasst, es gibt keine Zyklen des Lebens, keine Übergänge, keine Zeit der Reife, stattdessen dominiert ein radikaler Zeitdruck, der durch den Entzug, das heißt, durch die Abschaffung der Zeit entsteht.

Wer heute etwas auf sich hält, hat per se keine Zeit, ist in Eile, öffnet allenfalls kleine Zeitfenster, darf aber nicht zu viel Zeit verlieren; diese Eile ist Signum des Erfolgs, ein Erfolg der Unterwerfung. Jeder Zeitpunkt ist mit Blick auf die Zukunft defizitär, Zeitverzögerungen oder Formen der Langsamkeit werden zu schwarzen Schafen der Moderne. Wer Zeit hat, ist makelbehaftet und suspekt, wird auffällig. Der Schnelle ist dem Langsamen überlegen, der Jüngere dem Älteren, der Gesunde dem Kranken usw. Jede Zeitersparnis ist eine Errungenschaft. Die Zeit ist das Übel, das der gnadenlosen Domestizierung bedarf. Durch das Leben wird eben nicht geschlendert. So werden wir von Zeitszenarien gesteuert, sie schaffen, von den Uhrenzeiten bis hin zu Regimen, Normalisierungen und sorgen für eine adäquate Weltzuwendung.

Scheinbar gänzlich frei, sind wir Geiselnehmer und Geisel der Zeit in einem. Statt Lösegeldforderungen gibt es das Versprechen auf Heil. Die Ökonomie tritt in der Moderne als Ökonomie der Zeit das Erbe der Religion an, um die Unsicherheit und Unvorhersehbarkeit berechenbar zu machen. Das Heilsversprechen – Wachstum, Wohlstand und Erfolg – wird zum Symbol quasi-göttlicher Gnade und des Wohlwollens. Es geht um die bestmögliche Ausnutzung von Zeit, um Zeitmanagement und Lebenszeitoptimierung. Dass der Begriff des Nutzens sich gänzlich aus ethisch-humanitären Lesarten löst, fällt in quantitativ formalen Zeitkontexten nicht ins Gewicht. Ethische Fragen, wie wir uns zueinander verhalten, wie wir uns behandeln wollen und ob wir uns das wünschen sollten, was wir uns derzeit wünschen, haben in diesem Gefüge des Zeitregiments keinen Platz.

Wir werden nicht mehr in Räume, sondern in Zeiten gesperrt, unmerklich, als seien wir in der Zeitgestaltung frei. Von diesem Gedanken lebt die kleine Freiheit des großen Zwangs, seine Zeit gewinnbringend zu managen. Die Investition von Zeit muss sich lohnen. Dass der Mensch sich selbst als Humankapital verrechnet, stört wenig. Alles hat eben seinen Preis, da ist die Zeit keine Ausnahme. Sie ist die knappe Ressource, ein Bodenschatz ohne Erdung. Die Ökonomie der Zeit, von der Karl Marx erkannt hat, dass die Ökonomie selbst in ihr ihren Höhepunkt findet, ist allumfassend. Sie zielt als Organ der Kontrollgesellschaft auf die Verteilung von Leben in der Zeit ab.

In dieser Maschinerie der Kontrollgesellschaft spielt Bildung eine besondere Rolle. Sie ist Funktionselement und Scharnier in der Etablierung einer Selbststeuerung. Vermeintliche Bildungsziele sind die permanente Anpassung an vorgegebene Ordnungsmuster und die Ausbildung von Kompetenzen für solche Anpassungsleistungen. Insgeheim folgt diese Vorstellung einer biologistischen Metaphysik. Die Kontrolle der Menschen wird zu einer »fürsorglich« daherkommenden Prozessmacht, welche die Menschen in ihrer Verunsicherung hält. Für das Verständnis dieser radikalen Kontrolle ist ein Blick auf die Tradition der antiken *Selbstsorge (epiméleia heautoû / cura sui)* und ihre christliche Weiterentwicklung sowie Veränderung hin zu Macht und Kontrolle hilfreich. In der Antike stellt die Selbstsorge kein äußerliches Sanktionsinstrument dar, sie ist auch keine egoistische Selbstliebe. Im Gegenteil: Sich um sich zu sorgen ist eine Sorge um das Leben, um die Anderen, das rechte Haushalten, eine Sorge um die Zeit, wie Seneca verdeutlicht, mit dem Ziel, sich selbst zu regieren. Mit ihr wird die Möglichkeit gedacht, dass Menschen an sich und ihrer Gegenwart arbeiten. Sie verfolgt die Frage nach einer vernünftigen und freiheitlichen Lebenspraxis, indem das gelingende Leben vom Subjekt jeweils situativ ausgelotet wird. Die *christliche* Deutung und Umsetzung der Selbstsorge hingegen sucht in der Folgezeit nach Formen der Verbesserung des Menschen durch Unterwerfung unter eine *vorgegebene* göttliche Ordnung, in der das, was angemessen ist, immer schon feststeht. Damit einher geht eine ganze Reihe von Verzichtsleistungen, Beichtpraktiken, das öffentliche Bekenntnis, Gehorsam u.a.m. Erst der Selbst- und Weltverlust führt zur Läuterung der Seele.

Ohne Zweifel gibt es historische Brüche und Transformationen der christlichen Praktiken. Dennoch erlaubt ihr Grundgedanke einen verstohlenen Blick auf unser gegenwärtiges Lebenszeitregime, denn beide Regierungsformen arbeiten mit einer folgenschweren Umkehrung des antiken Verhältnisses. Der Mensch wird in der christlichen Ausdeutung vom *Subjekt* zum *Objekt* der Sorge,[86] und eben diese Form der Sorge, die den Menschen nur noch als Objekt kennt, ist neuzeitlich die Kontrolle. Der Mensch formiert und kontrolliert sich schlussendlich selbst. Er internalisiert nunmehr säkulare, normierte Ordnungsformen und verbeugt sich demütig vor den als richtig anerkannten Strukturen und Versprechungen. Die moderne Selbstentzifferung geschieht somit nicht mehr vor dem Hintergrund des göttlichen Gebots und Verbots, sondern in Orientierung am Zeitdispositiv und der geforderten Anpassung. Dadurch macht sich der Mensch zum Objekt der lückenlosen Erforschung der eigenen Zeit und legt gleichzeitig Rechenschaft über den ökonomisch-rationellen Umgang mit ihr ab. Der nach außen getragene (dann auch ritualisierte, inszenierte) Wille zur Selbstverbesserung gehört zur modernen Zeittechnologie. Auf ihn bezogen sind wir ständig defizitär – eine neue Erbsünde. Feedbacksysteme, Evaluationen und Beratungsgespräche ergänzen die permanente Kontrolle und befördern das öffentliche Bekenntnis, an sich arbeiten zu wollen, um noch besser zu werden. Und auch das Selbstmanagement als Zeitmanagement ist so betrachtet Restbestand des alten Kanons christlicher Selbstsorgepraktiken. Die mitunter groteske Vielzahl der zu erwerbenden Kompetenzen, die in der Selbstkompetenz kulminiert, ist das Wissen, das der Mensch über sich und andere erwerben muss, um diese Anpassung leisten zu können, ein Modus des unbedingten Gehorsams als Lebensregime. Bildung wird hier zur Leerformel einer freiwilligen Unterordnung unter das Gebot der Normalisierung durch Kontrolle. Das Selbst konstituiert sich durch die Effizienzbeichte. Der geübte Verzicht ist der auf das Selbst und auf die Zeit. Das Neue wird Signum einer Askese, die das Verbot und die Absage an das Alte und das Gewesene, ja auf die Welt und deren Erfahrung ausspricht.

In der Tat verbinden wir mit Bildung auch eine Verbesserung, aber diese geht gerade nicht in der Effizienz auf, sondern betrifft unser Menschsein. Gemeint ist eine Bildung, die die in uns ruhenden Möglichkeiten zu verwirklichen trachtet, auf eine Haltung zur Welt abzielt. Das Ziel ist, dass wir die Welt mit anderen Augen sehen, kluge, begründete Entscheidungen treffen und in der Lage sind, unser Leben nach vernünftigen Gesichtspunkten zu führen, Bescheid zu wissen. Diese Logik unseres Bildungsverständnisses wird in der Kontrollgesellschaft eben auf den Kopf gestellt: Wir werden als bloße Objekte zur durchgängig devoten Schülerschaft, ein Surrogat der ewigen Jugend. Der Effekt ist ein unpolitisches Bildungssystem, bestehend aus Zeitdisziplinaranstalten, die Anpassungsverhalten als Verhüllung des »blinden Gehorsams« befördern, zur Unmündigkeit erziehen, Lebenszeit takten und nützliche Kompetenzen als grundständige »Volksbildung« vermitteln.

Als sicher gilt bei dieser vermeintlich »kompetenten« Bildung, die als fortschrittlich deklariert wird, dass sie eine Investition in die Zukunft ist und den *return on investment* verbürge. Bildung wird zum Instrument der Dienstbarmachung von Menschen, und zwar als volkswirtschaftlich ertragreiches Humankapital. Sie ist eine Ware, das ist der Kern einer zeitgemäßen Bildung, die »raschere« Kompetenzen und Outputsteuerungen erlaubt. Gerade die am literacy-Konzept ausgerichteten Kompetenzen scheinen die Zukunft moderner Bildungsarbeit einzuläuten, zumal sich vor allem auf bildungspolitischer Ebene die Hoffnung durchsetzt, das Bildungssystem mit verbessertem »Zeit- und Qualitätsmanagement« aus seiner diagnostizierten Ineffektivität zu holen. Der Weg aus dem nunmehr quasi bildungsquantitativen Problem wird vor allem in der Etablierung von Standards und Tests gesehen. Die sogenannten Bildungsstandards machen mit einer neuen Zeitstruktur den Fortschritt evaluierbar. Sie legen fest, welche Fertigkeiten in welcher Zeit erworben werden sollen, versprechen, keine Umstände zu machen, und gehören damit in den Kontext rationaler Beschleunigungsmechanismen. Das verdeckte Ziel, das hinter dem großen Wunsch nach Ausbildung, nach dem Erwerb von Kompetenzen und der Anwendbarkeit von Bildung steht, ist ihre Verwertbarkeit. Die Nutzbarmachung von Bildung und ihre Unterordnung unter das ökonomische Gesetz des Profits befördern Bildung jedoch nicht – im Gegenteil. »Das allbeliebte Desiderat einer Bildung, die durch Examina gewährleistet, womöglich getestet werden kann, ist bloß noch der Schatten jener Erwartung. Die sich selbst zur Norm, zur Qualifikation gewordene, kontrollierbare Bildung ist als solche so wenig mehr eine wie die zum Geschwätz des Verkäufers degenerierte Allgemeinbildung.«[87]

Theodor W. Adorno – Philosoph, Soziologe und Musiktheoretiker – stellt in seiner *Theorie der Halbbildung* aus dem Jahre 1959 den Deformationsprozess der Bildung dar. Es geht um die Entwicklung hin zum oberflächlichen Wissen, das zur Schau gestellt wird, um wenigstens intellektuell geadelt zu sein. Bildung als Statussymbol. Gehäuftes Wissen ohne Verstand. Man hat eben die Weltliteratur im Bücherschrank, die Kunst schläft unter dem Kopfkissen – bleibt aber auch dort. Bildung ist zur Halbbildung geworden, und diese zeigt sich als eine Zuwendung zur Welt, die keiner vertieften Arbeit mehr bedarf, den *eros* nicht kennt. Die Kulturindustrie, als der Markt, der weiß, dass mit vermeintlicher Bildung Erträge zu erzielen sind, sofern sie als Noblesse angepriesen und verkauft wird, potenziert den Verfallsprozess. Bildungsinhalte sind nicht länger Umständlichkeiten, sondern Konsumgüter, zunehmend mit Unterhaltungswert, eben nichts anderes als Medien der Unterwerfung unter das Diktat der Anerkennung des herrschenden Glaubensbekenntnisses. »Die Dummheit, mit welcher der Kulturmarkt rechnet, wird durch diesen reproduziert und verstärkt. Frisch-fröhliche Verbreitung von Bildung unter den herrschenden Bedingungen ist unmittelbar eins mit ihrer Vernichtung.«3[88]

Die Halbbildung ist nicht gänzlich blind gegenüber dem, was Bildung einmal zu sein beanspruchte: kritisches Bewusstsein, politischer Einspruch, Selbstregierung im Zeichen von Mündigkeit, Mut zum eigenen Denken u.v.m. Halbbildung *weiß* um ihre eigene Deformation. Daher muss der Halbgebildete alles besser wissen, wird aggressiv, wenn Zweifel aufkommen. Mit der Kontrollgesellschaft allerdings hat sich die Halbbildung zur *Verdummung* perfektioniert. Sie ist die Fortsetzung der Halbbildung mit anderen Mitteln. Bildung löst sich endgültig vom Selbstanspruch von Freiheit und Gleichheit. Sie enthält nicht einmal mehr das Potenzial der Kritik der Halbbildung. Dem Menschen wird unter der Suggestion, dass es um Bildung geht, dass er an ihr partizipiert, genau jene vorenthalten. So wird die Verdummung allgegenwärtig. Nietzsche hat prophezeit, dass eine Zeit kommen wird, in der nicht mehr verstanden werden kann, was Bildung für den Menschen und sein Menschsein bedeutet. Wir sind angekommen.

Die Verdummung agiert über die Zeit, das Konstitutiv der Kontrolle. Der Bildungsbegriff dient allein dazu, die gegenwärtige Verdummung als notwendige Kontrolle zu maskieren. Dabei ist die Zeit – gleichwohl mächtig – alles andere als ein *malum temporale*. Das Übel der Zeit entsteht durch ihre Abschaffung, durch einen Entzug, der nicht der Zeit selbst in ihrer Unverfügbarkeit mehr eigen ist, sondern einem Entzug, der einer Freiheitsberaubung gleichkommt. Das Gefängnis wird totalitär. Diese Abschaffung der Zeit hat nur das eine Bestreben, die Bildung des Menschen als Bedrohungspotenzial nach allen ihren Kräften unmöglich zu machen. Die Macht selbst bleibt anonym, sie zeigt sich nur in dem Widerstand gegen sie, im Heilsversprechen, das wir Wirklichkeit nennen. An der Langsamkeit wird die Zeit als Machtinstrument, als hektische Ungeduld, als Gereiztheit sichtbar. Wir sind nicht mehr aggressiv gegen Bildung, sondern nur noch gegen die Zeit. Denn nicht wer ungebildet ist, wird ausrangiert, sondern wer zu langsam ist. Liquidiert. Ausgeherdet. Die *Zeit* als Statussymbol. Das Zeitregime schreibt sich unseren Körpern ein. Am Ende bleibt von dem, was wir Zeit nennen, nur noch ein Dispositiv, ein Zerrbild ihrer selbst, das uns nicht zur Ruhe kommen lässt, uns durch das Leben treibt, um uns einer unumstößlichen Ordnung einzuverleiben, das uns krank macht und unserem Leben fremd bleiben muss. Dieses Dispositiv kennt keine Dauer mehr, keine Gegenwart, kein Sein; wir verlieren uns, bevor wir uns kannten.

Mit anderen Worten: Die derzeitigen Bildungsreformen sind keine harmlose Spielwiese, auf der man politische Zeitgemäßheit und Modernität mit Manageranstrich zur Schau stellt, sondern sie sind eine ernst zu nehmende Bedrohung von Kultur und Gesellschaft. Sie stehen im Zeichen der Verdummung und lehren unpolitisches Anwendungswissen, während die »Sozial-Elite« Bildung in einem reicheren Sinne, der gerade das Unnütze einschließt, als Distinktionsmerkmal bewahrt. Wo bleibt die Erkenntnis, dass der Mensch nicht gebildet wird, sondern sich selbst bildet, und zwar ausschließlich in wechselseitigen Bezügen, wo bleiben die Fragen, woran wir eigentlich sind? Wir verbinden mit Bildung die Möglichkeit, uns in unserem Menschsein zu verbessern, uns zu verwirklichen, eine reflexive Haltung zur Welt einzunehmen. Das Existenzielle schwingt im Bildungsgedanken mit. Geht es nicht darum, in die Geschichte und auf unsere Lebensfrist zu blicken, die *wir* sind?

Der Mensch hat ein Recht auf seine Lebenszeit. Dieses Recht gründet – gleich einem Naturrecht – in der Gleichheit und ist unverlierbar. Die Geburt kennt keine Gleichheit, nur im Tod sind wir gleich. Für Rancière gibt es das Politische als Unterbrechung des Unrechts, wenn zwei Vorgänge einander begegnen: der polizeiliche Vorgang der Kontrolle und der Vorgang der Gleichheit, der das Unrecht sichtbar werden lässt.[89] Erst der Tod und die radikale Endlichkeit des Menschen machen das

Unrecht in der Ungleichheit der Lebenszeitgestaltung als Skandal erkennbar. Die Würde des Menschen liegt in dem Recht, ein Leben lang zu sterben, das heißt, seiner Lebenszeit einen Wert an sich beizumessen. Deswegen ist die Abschaffung der Zeit stets auch die Abschaffung des Sterbens, des Todes, des Politischen. Das Recht auf Lebenszeit ist am Ende das, was seit jeher Bildung heißt.

Abbildungsnachweis

Abb. 1: Sundial © Maxwell – Fotolia.com; 2: Clepysdra © IAM/akg; 3: Mechanische Wasseruhr © akg-images; 4: Sanduhr © Alexander Demandt – Fotolia.com; 5: Uhrwerkzahnrad © Jamiga – Fotolia.com; 6: Pendeluhr von Christian Huysgens © Chetvorno – Wikimedia Commons; 7: Uhrwerk © SC-Photo – Fotolia.com; 8: Atomuhr CS-2 © Jörg Behrens – Wikimedia Commons.

Anmerkungen

[1] Vgl. H. Blumenberg: Lebenszeit und Weltzeit, Frankfurt a. M. 2001.
[2] Vgl. GEO-Wissen 36/2005.
[3] Vgl. L. Rensing: Biologische Rhythmen und Regulation, Stuttgart 1973.
[4] E. Husserl: Gesammelte Werke (= Husserliana), Bd. XVI, Haag 1966, S. 64.
[5] Vgl. Platon: Timaios. In: Platon: Sämtliche Dialoge. In Verbindung mit K. Hildebrandt, C. Ritter u. G. Schneider hrsg. und mit Einleitungen, Literaturübersichten, Anmerkungen und Registern versehen von Otto Apelt, Hamburg 1993, S. 29.
[6] Ebd., S. 56 f.
[7] Vgl. Aristoteles, Physik, 219b f.
[8] Aristoteles, Metaphysik, 1071b ff.
[9] Augustinus: Bekenntnisse Buch XI. In: K. Flasch: Was ist Zeit? Augustinus von Hippo. Das XI. Buch der Confessiones, Frankfurt a. M. [2]2004, S. 251.
[10] Ebd., S. 249.
[11] Ebd., S. 277.
[12] I. Kant: Kritik der reinen Vernunft. In: Ders.: Werkausgabe, 12 Bände. Hrsg. von W. Weischedel, Bd. III, Frankfurt a. M. 1974, S. 78.
[13] E. Husserl: Husserliana, Bd. X, Haag 1966, S. 35 f.
[14] Vgl. ebd., S. 30 (§ 11), S. 35 (§ 14), S. 377 f.
[15] M. Merleau-Ponty: Phänomenologie der Wahrnehmung, Berlin 1966.
[16] P. Gendolla: Zeit. Zur Geschichte der Zeiterfahrung, Köln 1992, S. 45 f.
[17] Ebd., S. 51.
[18] O. F. Bollnow: Das Verhältnis zur Zeit, Heidelberg 1987, S. 10.
[19] J. W. Ekrutt: Der Kalender im Wandel der Zeiten, Stuttgart 1972, S. 64.
[20] R. Koselleck: Fortschritt und Beschleunigung. Zur Utopie der Aufklärung. In: Akademie der Künste, Berlin (Hrsg.): Der Traum der Vernunft. Vom Elend der Aufklärung, Darmstadt/Neuwied 1985, S. 78.
[21] Vgl. G. Dohrn-van Rossum: Die Geschichte der Stunde. Uhren und moderne Zeitordnungen, Köln 2007, S. 34 ff.
[22] Vgl. ebd., S. 35.
[23] Ebd., S. 89.
[24] P. Gendolla: Zeit. Zur Geschichte der Zeiterfahrung, Köln 1992, S. 45.
[25] Vgl. hierzu: R. Wendorff: Zeit und Kultur. Geschichte des Zeitbewußtseins in Europa, Opladen 1980, S. 144 ff.

[26] P. Gendolla: Zeit. Zur Geschichte der Zeiterfahrung, Köln 1992, S. 41.
[27] G. Dohrn-van Rossum: Die Geschichte der Stunde. Uhren und moderne Zeitordnungen, Köln 2007, S. 158.
[28] P. Gendolla: Zeit. Zur Geschichte der Zeiterfahrung, Köln 1992, S. 42.
[29] Aus der 1511 erschienenen Erdbeschreibung von Johannes Cochläus, zit. n. R. Wendorff: Zeit und Kultur. Geschichte des Zeitbewußtseins in Europa, Opladen 1980, S. 195.
[30] R. Wendorff: Zeit und Kultur. Geschichte des Zeitbewußtseins in Europa, Opladen 1980, S. 196.
[31] F. Nietzsche: Die fröhliche Wissenschaft. In: Kritische Studienausgabe. Hrsg. von G. Colli und M. Montinari (KSA 3), München 1988, S. 556.
[32] R. Wendorff: Zeit und Kultur. Geschichte des Zeitbewußtseins in Europa, Opladen 1980, S. 415.
[33] Ebd., S. 449.
[34] A. Borst: Computus. Zeit und Zahl in der Geschichte Europas. München 1999.
[35] R. Koselleck: Fortschritt und Beschleunigung. Zur Utopie der Aufklärung, in: Akademie der Künste, Berlin (Hrsg.): Der Traum der Vernunft. Vom Elend der Aufklärung, Darmstadt/Neuwied 1985, S. 85.
[36] Zit. n. G. Dohrn-van Rossum: Die Geschichte der Stunde. Uhren und moderne Zeitordnungen, Köln 2007, S. 447.
[37] Zit. n. G. Dohrn-van Rossum: Die Geschichte der Stunde. Uhren und moderne Zeitordnungen, Köln 2007, S. 449.
[38] R. Koselleck, L. Bergeron, F. Furet: Das Zeitalter der europäischen Revolutionen. 1780–1848, Frankfurt a.M. 1969, S. 303.
[39] R. Koselleck: Die Verzeitlichung der Utopie, in: W. Voßkamp (Hrsg.): Utopienforschung. Interdisziplinäre Studien zur neuzeitlichen Utopie, Bd. 3, Stuttgart 1982, S. 4.
[40] Vgl. hierzu insbesondere: L. Hölscher: Die Entdeckung der Zukunft, Frankfurt a.M. 1999.
[41] Vgl. L. Hölscher: Die Entdeckung der Zukunft. In: K. A. Geissler, S. Hajak, S. May (Hrsg.): Könnte es nicht auch anders sein, Stuttgart/Leipzig 2003, S. 137.
[42] Vgl. R. Koselleck: Geschichte. In: O. Brunner, W. Conze, R. Kosselleck (Hrsg.): Geschichtliche Grundbegriffe 1975, S. 640.
[43] Vgl. H. Blumenberg: Lebenszeit und Weltzeit, Frankfurt a.M. 2001, S. 242.
[44] G. Anders: Die Antiquiertheit des Menschen, Bd. 1, Über die Seele im Zeitalter der zweiten industriellen Revolution, München [3]2010, S. 277f.
[45] Vgl. Koselleck, R.: Vergangene Zukunft. Zur Semantik geschichtlicher Zeiten, Frankfurt a.M. 1979, S. 359.
[46] G. Anders: Die Antiquiertheit des Menschen, Bd. 1, Über die Seele im

Zeitalter der zweiten industriellen Revolution, München [3]2010, S. 283. Hervorhebung im Original.

[47] B. Groys: Logik der Sammlung. München 1997, S. 84.

[48] Vgl. H. Lübbe: Der verkürzte Aufenthalt in der Gegenwart. Wandlungen eines Geschichtsverständnisses. In: P. Kemper (Hrsg.): ›Postmoderne‹ oder Der Kampf um die Zukunft. Die Kontroverse in Wissenschaft, Kunst und Gesellschaft, Frankfurt a. M. 1988, S. 151.

[49] H. Lübbe: Zeit-Erfahrungen. Sieben Begriffe zur Beschreibung moderner Zivilisationsdynamik, Stuttgart 1996, S. 12.

[50] Vgl. H. Lübbe: Der verkürzte Aufenthalt in der Gegenwart. Wandlungen eines Geschichtsverständnisses. In: P. Kemper (Hrsg.): ›Postmoderne‹ oder Der Kampf um die Zukunft. Die Kontroverse in Wissenschaft, Kunst und Gesellschaft, Frankfurt a. M. 1988, S. 151.

[51] Vgl. O. Marquard: Zukunft braucht Herkunft. Ders.: Philosophie des Stattdessen, Stuttgart 2000, S. 66–78.

[52] O. Marquard: Kleine Anthropologie der Zeit. In: Ders.: Individuum und Gewaltenteilung. Philosophische Studien, Stuttgart 2004, S. 11.

[53] Vgl. B. Groys: Logik der Sammlung, München 1997, S. 46.

[54] Ebd., S. 48

[55] Vgl. H.–G. Gadamer: Die Aktualität des Schönen, Stuttgart 1977.

[56] Ebd., S. 55.

[57] Ebd., S. 53.

[58] Ebd., S. 56.

[59] Vgl. K. Pomian: Der Ursprung des Museums. Vom Sammeln. Aus dem Französischen von G. Roßler, Berlin 1993.

[60] Vgl. G. Korff: Museumsdinge. Deponieren – Exponieren, Köln/Weimar/Wien 2007.

[61] S. Kierkegaard: Entweder – Oder, Teil I. Hrsg. von H. Diem und W. Rest, München 1988, S. 332.

[62] K. P. Liessmann: Das Universum der Dinge. Zur Ästhetik des Alltäglichen, Wien 2010, S. 12.

[63] Vgl. M. Horkheimer, T. W. Adorno: Dialektik der Aufklärung, Frankfurt a. M. 1944/[12]2000.

[64] Vgl ebd., S. 19.

[65] M. Merleau-Ponty: Causerien 1948. Radiovorträge. Hrsg. von I. Knips, Köln 2006, S. 28.

[66] M. Kerkhoff: Zum antiken Begriff des *kairos*. In: Zeitschrift für philosophische Forschung 27 (1973), S. 256–274, hier S. 274.

[67] A. Schopenhauer: Die Welt als Wille und Vorstellung I. In: Ders.: Werke in fünf Bänden. Nach den Ausgaben letzter Hand. Hrsg. von L. Lütkehaus, Zürich 1994, S. 266 (§ 38).

[68] F. Nietzsche: Sils-Maria. In: Kritische Studienausgabe. Hrsg. von G. Colli und M. Montinari (KSA 3), München 1988, S. 649.
[69] J. Rancière: Zehn Thesen zur Politik, Zürich/Berlin 2008, S. 31.
[70] Vgl. ebd., S. 33 ff.
[71] S. Kierkegaard: Die Wiederholung. Übersetzt, mit Einleitung und Kommentar hrsg. von H. Rochol, Hamburg 2000, S. 22.
[72] F. Nietzsche: Über die Zukunft unserer Bildungsanstalten. In: Kritische Studienausgabe. Hrsg. von G. Colli und M. Montinari (KSA 1), München 1988, S. 668.
[73] Vgl. H. Blumenberg: Anthropologische Annäherung an die Aktualität der Rhetorik. In: Ders.: Wirklichkeiten, in denen wir leben. Stuttgart 1986, S. 123 f.
[74] Aristoteles: Die Nikomachische Ethik, München [7]2006, S. 232.
[75] Ebd., S. 140.
[76] I. Fetscher: Vom Sinn der Endlichkeit menschlichen Lebens. In: Ders.: Arbeit und Spiel, Stuttgart 1983, S. 91 f.
[77] L. A. Seneca: Ad Lucilium. Epistulae morales. In: Philosophische Schriften in fünf Bänden, lateinisch/deutsch. Hrsg. von M. Rosenbach. Bd. 3, Darmstadt 1999, S. 3 ff.
[78] Ebd., S. 3.
[79] L. A. Seneca: Philosophische Schriften in fünf Bänden, lateinisch/deutsch. Hrsg. von M. Rosenbach. Bd. 4, Darmstadt 1999, S. 565.
[80] R. Musil: Der Mann ohne Eigenschaften, II, Reinbek bei Hamburg [25]2010, S. 1055.
[81] R. Musil: Der Mann ohne Eigenschaften. Reinbek bei Hamburg [25]2010, S. 249 f.
[82] Vgl. ebd., S. 16.
[83] F. Nietzsche: Die fröhliche Wissenschaft. In: Kritische Studienausgabe. Hrsg. von G. Colli und M. Montinari (KSA 3), München 1988, S. 464 f.
[84] Vgl. G. Deleuze: Postskriptum über die Kontrollgesellschaft. In: Ders.: Unterhandlungen 1972–1990, Frankfurt a. M. 1993, S. 254–262.
[85] Vgl. P. Bourdieu: Meditationen. Zur Kritik der scholastischen Vernunft. Aus dem Französischen von A. Russer, Frankfurt a. M. 1997, S. 293 ff.
[86] Vgl. M. Foucault: Ästhetik der Existenz. Schriften zur Lebenskunst, Frankfurt a. M. 2007, S. 289.
[87] T. W. Adorno: Theorie der Halbbildung, in: Ders.: Gesammelte Schriften, Bd. VIII: Soziologische Schriften 1. Hrsg. von R. Tiedemann, Frankfurt a. M. 2003, S. 106 f.
[88] Ebd., S. 110.
[89] Vgl. dazu J. Rancière: Zehn Thesen zur Politik. Zürich/Berlin 2008; vgl. ders.: Das Unvernehmen. Aus dem Französischen von Richard Steurer, Frankfurt a. M. 2002.

Sach- und Personenregister